EL CAMINO INTERIOR

SWAMI DURGANANDA

Mayo 2016

ISBN 978-3-930716-10-4

Traducción Davinia Albert (Divya)

Sri Swami Sivananda (1887 – 1963)

Sri Swami Vishnudevananda (1923 – 1993)

ÍNDICE

PRÓLOGO

Ve a occidente, la gente está esperando. Con estas palabras, Swami Sivananda envió a Swami Vishnudevananda a Estados Unidos y Europa en 1957. Swami Vishnudevananda pasó 35 años de su vida llevando las enseñanzas clásicas del *yoga* y del *Vedanta* literalmente a las puertas de la sociedad occidental. A día de hoy, *yoga* es un término mucho más extendido. Swami Durgananda pertenece a la primera generación de practicantes y maestros de Occidente que han dedicado su vida al *yoga*. Conoció a Swami Vishnudevananda en San Francisco en 1973 y se unió al Ashram Sivananda de Grass Valley, California, como estudiante y miembro del equipo. Después de un período inicial de formación, Swamiji envió a Swami Durgananda a Europa, donde empezaban a establecerse los primeros centros Sivananda.

Esta recopilación de extractos de conferencias de Swami Durgananda nace con motivo de su setenta cumpleaños. El camino interior es un mosaico de reflexiones prácticas sobre el *yoga* para una vida sana, ética y pacífica en el bullicio de la sociedad actual.

11 de agosto de 2013

Swamis, equipo y estudiantes de los
centros Sivananda de Yoga *Vedanta* de Europa

LA FILOSOFÍA DEL YOGA

LA ESPIRITUALIDAD UNIVERSAL

La espiritualidad universal es un nivel superior de espiritualidad que nos permite percibir que hay algo más importante que el cuerpo y la mente. El *yoga* apunta a un nivel de conciencia más allá del ejercicio físico y de un estilo de vida saludable. Es una espiritualidad cósmica que no puede limitarse a ninguna religión. Adopta una actitud más inclusiva que las religiones podrían adoptar en el futuro, cuando deje de haber peleas sobre si "mi Dios es mejor que el tuyo". Poco a poco estamos descubriendo que esta actitud ya no es relevante en los tiempos que corren. Todavía hay muchas personas que no están de acuerdo con esto, pero a su vez ha habido un aumento drástico en la libertad y la conciencia interreligiosa de la verdadera espiritualidad cósmica.

Sin embargo, si aspiramos a abordar estos ideales, antes debemos purificar la mente. Para hacerlo, tenemos que llevar el cuerpo a un estado de quietud perfecta y repetir el sonido de un *mantra*. Es sorprendente ver lo primero que nos viene a la mente cuando tratamos de centrarnos en nuestro *mantra*: periódicos, televisión, estudios, relaciones personales, trabajo, preocupaciones e inquietudes sobre el futuro, etc. Estamos sobrecargados y no conseguimos encontrar la paz en este ordenador que llevamos en la cabeza. Para poder absorber nuevas ideas y conocimientos, tenemos que eliminar con regularidad ese exceso de contenido; y eso es lo que hacemos con la meditación.

No se trata de ninguna elección consciente, sino que sucede en base a la realización, *vidya*, en lugar de *avidya*, o ignorancia. Esta toma de conciencia tiene su origen en la experiencia interior. Cuando entramos en contacto con algo superior a la experiencia habitual de cuerpo y mente, surge un cierto distanciamiento que no se basa en la indolencia, la pereza ni la intolerancia, sino que proviene de un sentimiento de amor desinteresado. El practicante se da cuenta de que le impulsa una fuerza mayor.

La repetición de *mantras* es una herramienta maravillosa porque utilizamos vibraciones sonoras que tienen el poder de crear, preservar y destruir todo en el universo. Estos sonidos existen dentro de nosotros y nos conectan con la espiritualidad inmutable universal cuando dejamos atrás todos los fenómenos cambiantes. En ese momento trascendemos el plano de la naturaleza y nos sumergimos en la existencia pura. Este es nuestro derecho de nacimiento y el objetivo de cualquier *yogui* o persona espiritual.

Una vez entendemos nuestras necesidades espirituales, entendemos que no tienen ninguna vinculación con Oriente u Occidente. Aprende, practica y profundiza en los ejercicios de *yoga*. Ellos te acompañarán hasta el final de la vida, aun cuando haya momentos en que el cuerpo no pueda practicarlos a causa de enfermedades.

El destino juega sus propias cartas y, debido a las tendencias kármicas, todos podríamos enfermar; pero nadie podrá quitarte los valores internos a través de los cuales sintonizamos con la realidad cósmica. Aun cuando parezca que todo se desmorona, siéntate y conecta con el Yo cósmico, la energía inmutable de la naturaleza que se encuentra siempre dentro de ti. Lo único que la encubre es el constante abuso de los sentidos en la vida diaria que nos aleja de esta experiencia espiritual.

Hay muchos caminos, pero solo una realidad. El que alcanza el objetivo no se considera *yogui*, cristiano, judío, hindú ni musulmán. La realidad cósmica es la experimentación del Ser. Todos los sabios que han alcanzado la realización pueden cogerse de las manos. No hay necesidad de luchar. Los que siguen luchando bajo este pretexto aún no han alcanzado la conciencia plena de la realidad y tienen apego a un nombre y una forma. El objetivo de Swami Vishnudevananda en Occidente era alcanzar la unidad en la diversidad a través de la práctica del *yoga*.

EL YO NO ENCARNADO

¿Somos conscientes en este momento? Si no estamos seguros, algo falla. Yo hablo, tú me escuchas. Pero, ¿quién es el que habla y quién es el que escucha? Esta es la pregunta *vedántica* eterna y la más profunda. Si dejamos que se sumerja en nuestro interior, llega a casa. ¿Quién está escuchando? ¿Es mi oído el que escucha? Y, ¿qué hay detrás del oído? ¿La mente? ¿Y qué hay detrás de la mente? Es ahí donde surgen las dudas. Hay algo no físico que a su vez no es la mente, sino la conciencia. Nuestra parte encarnada siempre está aquí, ahora mismo. Se podría decir que, al igual que Dios, existimos en dos niveles: no encarnados y encarnados. Pero el problema es que casi no prestamos atención a la parte no encarnada. Y, ¿qué sucede si no hacemos caso a algo durante mucho tiempo? Nos olvidamos de que existe. Imagínate que no hubiera habido sol desde hace dos años. Empezaríamos a plantearnos cosas como: Tal vez nunca haya habido sol; puede que fuera una ilusión del pasado. La gente creía que había sol, pero en realidad nunca lo hubo. Una vez transcurridos 25 años sin ver el sol, las nuevas generaciones creerían que el sol es un mito transmitido por padres y abuelos: El sol no ha existido jamás. ¡Nosotros nunca lo hemos visto!

Lo mismo sucede con nuestra parte no encarnada si no le prestamos atención. En la actualidad, estamos en un punto en que dudamos de su existencia. Con el tiempo, acabaremos creyendo firmemente que somos seres físicos y nos olvidaremos de la otra parte de la ecuación, nos olvidaremos de que también somos un ser no físico. La parte no física está aquí y ahora y coexiste con la parte física. De hecho, la parte no física informa a la física, y no al revés. Lo sutil es lo que da forma a lo físico. Una parte de mí está siempre con Dios, la conciencia, la fuente de energía. Según el *Vedanta*, Dios no se encuentra en ningún otro sitio, en ningún otro espacio, en ningún cielo, ni en ningún lugar mágico; está más allá de mi imaginación, pero no separado de mí. Este concepto requiere mucha meditación y contemplación. En la mayoría de los casos, reflexionamos durante un tiempo y sentimos algo fascinante; pero en seguida, la mente vuelve a cambiar de tema: ¿Qué hay para cenar? A decir verdad, ¿cuánto tiempo conseguimos mantenernos centrados en estas reflexiones? Nuestra mente carece de la educación necesaria para focalizar. No nos preparan para pensar en profundidad, contemplar, o meditar; y todo ello es fundamental en la vida. Nos enseñan sobre todo a reflexionar con el hemisferio izquierdo del cerebro y a plantearnos cosas como qué necesitamos para ganarnos la vida. Como consecuencia, vivimos en una jaula mental sin las capacidades necesarias para traspasar las barreras. Aun así, creemos ser libres.

Una parte de nosotros está siempre con Dios. Estamos siempre unidos, siempre conectados. Aunque no podamos sentirlo en este momento, el simple hecho de saberlo es muy reconfortante.

Es reconfortante saber que en realidad nunca desconectemos de nosotros mismos. No es posible desconectarse de uno mismo. La conexión es completa, perfecta, ya existe.

¿DÓNDE ESTÁ LA VERDADERA LIBERTAD?

¿Qué es la libertad? ¿Qué es la esclavitud? Todo el mundo desea vivir de forma libre e independiente. Todo el mundo quiere ser entendido. Nadie quiere ser sometido a los deseos de los demás. Por el contrario, preferiríamos proyectar nuestros deseos sobre los otros. Nos gustaría que los demás entendieran nuestros propios deseos y, a ser posible, que los apoyen. Todo el mundo quiere ser el jefe y dictar a los demás qué hacer. Pero, ¿qué es la libertad?

Según Swami Sivananda (y esto también está escrito en los *Upanishads*) la libertad es nuestro derecho innato, es la naturaleza del alma eterna.

Como dicen los *Upanishads*, no hay ningún poder ni acción humana que pueda cambiar o suprimir este hecho. Sin embargo, es importante entender lo que es la verdadera libertad interior y lo que dará lugar a nuestra propia esclavitud. La libertad verdadera no tiene nada que ver con el libertinaje, ni tampoco con decir o hacer lo que uno quiere, o ir a donde a uno le plazca. Las grandes riquezas y la conquista de otras naciones no otorgan la libertad. La libertad no consiste en despojarse de las responsabilidades de cada uno.

La filosofía del *yoga* afirma que la verdadera libertad, la libertad de las restricciones del cuerpo, es en última instancia liberarse del nacimiento y la muerte. Se trata de un concepto muy avanzado. Esta idea de libertad se desarrolla paulatinamente a través del desapego del cuerpo, lo que a su vez nos libra de la ira y la codicia. Los deseos insatisfechos conducen a la ira, y las relaciones interpersonales se vuelven problemáticas por la sencilla razón de que las personas se sienten insatisfechas. La ira y la codicia dependen en gran medida de las experiencias de la infancia, es decir, del trato que se dio a una persona, o la forma en que se le continúa tratando. En la India hay un dicho: "a los niños hay que alimentarlos", lo cual no se refiere solo a la comida para el cuerpo. También es necesario proporcionarles otras cosas, en la medida de lo posible y beneficioso para su desarrollo, con el fin de hacer que se sientan satisfechos y contentos. Es necesario interactuar con ellos y pasar tiempo junto con ellos. Esta verdad también se aplica a las relaciones interpersonales, en las que las personas tienen que hacer uso de la empatía y el interés en el contacto con los demás. En el reino espiritual, el maestro trata de que los estudiantes que vienen a él estén contentos. Los maestros como Swami Sivananda, Swami Vishnudevananda y otros ven y entienden lo que sus alumnos necesitan, responden a sus preguntas y están disponibles para ellos, hasta donde su poder y las posibilidades lo permitan.

La satisfacción superficial puede conseguirse con facilidad: un paseo por la ciudad, una buena comida, zapatos nuevos... Sin embargo, todo el mundo sabe por experiencia propia lo fugaz que es este tipo de satisfacción, la rapidez con la que las cosas que tanto queríamos pasan a aburrirnos. Hay que ser capaz de reconocer esta superficialidad.

Tenemos la libertad de elegir en todo momento. A fin de cuentas, esto es lo que determina el desarrollo de una persona. Cuanto más tiempo observamos algo y lo analizamos, más claro resulta que lo que llamamos vida moderna, el consumismo y el capitalismo, puede reducirse al apego al cuerpo y acabará por esclavizar a las personas. Si no quieres que eso suceda, deberás distanciarte, salir temporal o permanentemente y encontrar el camino espiritual. Esto no implica que te alejes de la vida, sino que te cuestiones tu camino de forma profunda y meticulosa.

Si de verdad estamos interesados en la práctica meditativa, tenemos que cultivar el discernimiento y un pensamiento lógico que conduzca a conclusiones. También tenemos que marcarnos nuevas metas empezando por aquellas que sean pequeñas, como practicar *asanas* y *pranayama* a diario, no mentir, no holgazanear y ayudar a los demás.

La libertad no puede venir de fuera. Ha de realizarse un trabajo interior diario y consistente. Es así como se crea la libertad. Pero no es un camino placentero.

La mente ha de disciplinarse y controlarse a toda hora. En algún momento contraatacará y experimentarás unas cuantas recaídas notables: es posible que te excedas, te tomes unas cervezas, te comas tres trozos de tarta seguidos o te comas un bistec. ¿Qué hacer cuando eso sucede? En primer lugar, tenemos que reconocer que la mente nos hace jugadas cuando quiere escaparse. Luego, tenemos que aplicar también hacia nosotros mismos la paciencia y la buena voluntad que estamos tratando de desarrollar hacia los demás, mientras recordamos que tenemos que corregir el error en el futuro. Para ello nos puede ayudar que apliquemos una pequeña dosis de escepticismo. El camino no avanza en línea recta. A menudo damos dos pasos adelante y un paso atrás. Al principio, el progreso parece fácil y rápido, pero habrá contratiempos, incluso si nos lo tomamos con sinceridad y seriedad.

Swami Vishnudevananda hablaba a menudo de dos posibilidades: el buen camino y el camino placentero. Elegir el buen camino requiere disciplina, pues está en cuesta y es más difícil. Sin embargo, al final traerá resultados que conducirán a *Moksha*, la libertad permanente y duradera.

LA LIBERTAD Y LA MENTE

Por un lado, la mente nos ata a través de los pensamientos y las emociones; pero a su vez, también es el instrumento que nos permite alcanzar la libertad. En comparación con la psicología tradicional, que contempla sobre todo el pasado y lo analiza, el *yoga* requiere que nos esforzamos para estar presentes en el aquí y el ahora. La mente es capaz de crear imágenes que a menudo no se adhieren a los hechos. Por ejemplo, si iniciamos una amistad o un matrimonio con ciertas aspiraciones en la mente y estas no se cumplen, pueden surgir los problemas más habituales. Si contamos con el poder del discernimiento (y la mente lo tiene a su disposición), la imaginación se ve obligada a retirarse a un segundo plano y deja de influir sobre la libertad. Un uso consciente de esta habilidad requiere que aprendamos a usarla. Eso es *sadhana*.

Swami Sivananda dice muy claramente que una de las creencias más arraigadas es que el alma tiene límites y que está restringida por el cuerpo. Este malentendido de que el alma está atrapada en el cuerpo y de que toda nuestra vida se define exclusivamente por el cuerpo es una limitación de la libertad que se ve alimentada por las personas que tienen la misma creencia. Mientras todo salga bien, no contemplaremos este asunto como un problema ni nos provocará dolor. Pero cuando atravesamos experiencias negativas como una enfermedad o la muerte, surgen preguntas: ¿Cómo puedo escapar de este dolor y sufrimiento? ¿Cómo puedo salir de la rutina o escapar de la ignorancia? La gran dificultad reside en que la identificación con el cuerpo eclipsa todo lo demás. No se contempla la posibilidad de trascender la identificación con el cuerpo y liberarnos de ella.

Este es el comienzo de la *sadhana*, la cual pretende disolver el concepto de la limitación del alma. La mente puede desprenderse con lentitud de la idea del apego al cuerpo y dejar de estar esclavizada por él. Después tiene lugar lo que llamamos libertad, *moksha*, *samadhi* o autorrealización. Desaparece el miedo a la enfermedad y a la muerte y desaparecen los me gusta o no me gusta porque dejamos de aferrarnos a la forma física del objeto. Eso sí, que dejemos de aferrarnos al cuerpo no significa que dejemos de cuidarlo bien y que no le demos la atención debida; pero debemos cuidar de él desde el conocimiento de que el cuerpo y la mente son finitos. Tenemos que arrastrar hacia la mente el concepto de la existencia de lo infinito una y otra vez.

Según el Maestro Sivananda, la mente construye un puente entre la materia y los objetos, por una parte, y el alma o Ser por otra. La mente es capaz de crear este puente si se desarrolla el pensamiento lógico. Esto implica reflexionar hasta llegar a una conclusión lógica, sin la influencia de un deseo fuerte ni preguntándonos lo que pasará si hacemos esto o aquello. Si existe un deseo muy fuerte, será difícil pensar con lógica porque la mente estará atrapada en las expectativas de cumplir ese deseo. Las adicciones son un buen ejemplo. Una persona adicta deja de pensar de forma lógica: el alcohol, las drogas, los medicamentos, comer en exceso o dormir demasiado nublan nuestro juicio y nos apartan de la lógica. Por lo general, estamos al tanto de las consecuencias generales de comer demasiado, beber demasiado o tomar demasiadas pastillas; y aun así, puede que no seamos conscientes de los efectos que estas actividades tendrían en nuestra vida personal. *Viveka*, el poder del discernimiento, no puede aplicarse cuando nos excedemos.

El desarrollo de este poder de discernimiento requiere autodisciplina. De esta manera se puede construir el puente, ya que no todo lo que está en la mente tiene por qué suponer un obstáculo. El proceso de pensamiento es necesario para comprenderlo todo; pero también debemos aplicar lo que hemos entendido. De lo contrario, pronto lo olvidaremos de nuevo. El dolor, las preocupaciones, la tristeza y los problemas se acaban, dice Swami Sivananda, quien alcanzó la libertad interior absoluta y a quien, por ello, se le llamaba *yogui*, alguien para quien nada es imposible. El *yogui* puede actuar con libertad, puede ir a donde quiera. Es libre como el aire y no está sujeto al tiempo. La paz de la que goza el *yogui* es ilimitada. Su libertad no depende de las cosas temporales como el cuerpo, porque la verdadera libertad no tiene nada que ver con el tiempo. La libertad limitada por el tiempo es libertad prestada. Hacer algo que teníamos muchas ganas de hacer, tirar la casa por la ventana con algún capricho... eso es libertad prestada. Si la experimentáramos con regularidad, se convertiría en una adicción y, al final, existiría el riesgo de que se convirtiera en esclavitud.

La verdadera libertad consiste en la realización de la unidad en la diversidad: la realización de que las cosas no son tan diferentes como parecen a simple vista. La libertad consiste en liberarse de la idea de diversidad. Es difícil llegar a decidirse cuando hay tantas opciones. Saber lo que es correcto requiere tiempo y un esfuerzo considerable. Si hubiera menos opciones donde elegir, ahorraríamos una gran cantidad de tiempo. La comprensión es el principio de la libertad. Te das cuenta de que la libertad no radica en tener cincuenta de todo; y de que esos cincuenta son prácticamente indistinguibles el uno del otro cuando miramos más de cerca.

El apego lo generamos nosotros a través de nuestra forma de vida, de los deseos, de pensar siempre en el yo, de preocuparnos sobre todo por las cuestiones del cuerpo físico y, por último, a través de los anhelos y los sueños. Estos casi siempre traen consigo el sentimiento de insatisfacción porque no se basan en la verdad y, por tanto, casi nunca se cumplen. Al igual que con un boleto de lotería, hay una posibilidad de ganar; pero la mayoría de la gente carga los deseos a sus espaldas durante toda la vida y son esclavos de sus propios sueños.

Según la definición de Swami Sivananda, las siguientes características son señales de que la intensidad del pensamiento ha disminuido en la mente:

- La persona tiene una energía más clara y básica; vive de forma sencilla y sin complicaciones; pero en ningún caso en la ignorancia o el aburrimiento.

- Satisfacción: si aumenta la satisfacción interior, significa que ha disminuido la intensidad del pensamiento. La persona es más tranquila y puede estar sola de manera más positiva.

- Paciencia con otras personas y situaciones.

- Perseverancia: ser capaz de esperar por algo sin ponerse nervioso.

- Generosidad: generosidad espiritual interior (nada que ver con ofrecer cenas caras o regalos), tener la generosidad de permitir que otros cometan errores.

El *yoga* ofrece varios métodos para liberarse de los apegos y de la tendencia a ver la diversidad: la repetición de *mantras*, el estudio de las escrituras, la autoevaluación. Para llegar a este tipo de libertad, que solo se encuentra en la mente, hace falta una práctica continua.

KARMA

El término sánscrito *karma* es sinónimo de causa y efecto. significa acción física y mental tanto en encarnaciones pasadas como presentes. Se refiere no solo a la acción en sí, sino también a los resultados generados por la acción. Es la ley de la causalidad: donde haya una causa seguirá un efecto. Así como la semilla permite que el árbol exista, el árbol hace que la semilla exista; se crea una cadena universal interminable. Ningún fenómeno puede detener esta ley tan poderosa. Nada sucede sin que haya una causa, lo cual se aplica tanto para las guerras, los terremotos y las plagas, como para las enfermedades, la suerte y la desgracia. La ley de acción y reacción siempre está ahí; y la reacción es de una naturaleza y una fuerza similar a la de la propia acción. Pero no solo las acciones físicas crean la reacción. Todo pensamiento, todo deseo y toda idea tienen su reacción equivalente. No es Dios quien decide si hay premio o castigo; es nuestro propio *karma* el que produce el efecto. No se puede culpar a nadie de ello.

La ley de la compensación es inseparable de la ley de causa y efecto: una vez se abre la semilla, esta ya no existe como tal y nace un árbol. La ruptura de la semilla no debe considerarse una pérdida. Cuando se consume el combustible se crea calor; no hay ninguna pérdida. En la naturaleza, la ley de la compensación mantiene el equilibrio y garantiza la paz y la armonía; funciona muy bien en todos los fenómenos de la naturaleza.

El pensamiento es el verdadero *karma*. Si por ejemplo *ahimsa* o *satya* constituyen la base mental del pensamiento, *ahimsa* o *satya* también surgirán en la persona que las cultiva. De la misma manera, si *himsa*, la violencia, es la corriente principal de pensamiento, la persona recibirá *himsa* de vuelta. Hay un proverbio que dice que cosechamos lo que sembramos. La persona es el responsable. No hay ningún Dios superior que cause la violencia.

La causa de cada acción manifiesta es el pensamiento. Nace un pensamiento: Estaría bien escuchar una ponencia sobre *yoga*. Como consecuencia de ello, llega un momento en que nos encontramos en el centro de *yoga*, nos inscribimos, nos cambiamos de ropa, si lo necesitamos tomamos los auriculares para la traducción y nos sentamos para la charla.

Al principio hubo un pensamiento y como reacción, suceden una serie de hechos para que logremos el pensamiento.

Hay tres tipos de *karma*:

1) **Sanchita**: el *karma* acumulado del pasado y de todas las encarnaciones anteriores, el cual se manifiesta en el carácter, las aptitudes y las tendencias.

2) **Prarabdha**: la parte del *karma* del pasado y las encarnaciones anteriores responsable de la encarnación actual. Se experimenta y se resuelve. Se pagan las deudas del pasado. El *prarabdha karma* lo determinan los pensamientos predominantes durante la vida y, sobre todo, en el momento de la transición, de la muerte. Si por ejemplo la riqueza, la trayectoria profesional, etc. fueron los intereses principales, lo más probable es que inicies una trayectoria profesional y te intereses por ser rico. Esto no es ni positivo ni negativo. Es tal y como es y no cambia. Dispones de ciertas aptitudes especiales, las tendencias y la personalidad adecuada para este camino. Las circunstancias específicas que encontramos en esta encarnación (la familia, la geografía, la clase social, etc.) se ven influidas por esos factores. Además, ciertos problemas y dificultades que nos encontramos son *prarabdha karma* en forma de problemas de vidas anteriores que no hemos superado.

3) **Agami karma** se produce en la encarnación actual. *Prarabdha karma* no puede modificarse de ninguna manera, ya que es la condición previa básica de nuestras experiencias. Pero el *agami*

karma está en nuestras manos, ya que se ve determinado por la forma en que reaccionamos a los hechos que se nos presentan a través del *prarabdha karma.*

EL AUTOESFUERZO Y LAS ACCIONES PASADAS

Purushartha y *prarabdha* son dos términos que apuntan hacia las leyes cósmicas. *Purushartha* es el esfuerzo individual que ejerce cada persona vinculado con el *dharma*, el orden universal, y con el deber de cada uno. *Prarabdha* es la parte del *karma* responsable de la encarnación actual. El *prarabdha* no se puede cambiar, pero *purushartha* determina el futuro y constituye así la base para el *karma agami.*

La práctica del *yoga* es *purushartha*, un esfuerzo por compensar el *prarabdha* desfavorable. El *prarabdha* es sin duda muy poderoso, pero el *yoga* es más poderoso todavía.

Prarabdha son las consecuencias del pasado, pero el futuro está en nuestras manos: tenemos libre albedrío para actuar y, como consecuencia, podemos cambiar nuestro destino. Para ello necesitamos discernimiento, serenidad, visión, entusiasmo y una mente valiente, una mente desprovista de timidez y lista para cometer errores y enfrentarse a ellos. Esta perspectiva no nos permite pensar en términos de éxito o fracaso y puede hacer verdaderas maravillas. Por ejemplo, la influencia de los planetas negativos puede evitarse con una fuerza de voluntad poderosa; y también tenemos la capacidad para transformar la naturaleza, los elementos, las fuerzas oscuras y las influencias adversas.

El *karma* es nuestra propia creación, por lo que puede erradicarse al pensar y actuar de la forma adecuada. *Tapas*, la austeridad, la concentración, *sattva* (pureza) y la meditación favorecen los pensamientos poderosos que hacen que *purushartha* sea posible.

El ser humano tiene libre albedrío y decide en cada momento cómo reaccionar ante *prarabdha karma*. Nuestra fuerza de voluntad se debilita con el pensamiento egoísta. Nosotros mismos creamos nuestros sentimientos melancólicos, nuestra tristeza y nuestra miseria.

No somos víctimas del entorno y las circunstancias. Es justo lo contrario: somos los arquitectos de nuestra propia suerte; se nos ha dado la opción de disponer de *purushartha*, el esfuerzo propio. El carácter de una persona lo conforma el grado en que se respetan los *yamas* y *niyamas*, los principios éticos del *yoga*. El carácter determina el destino.

La ley del *karma* es inexorable, pero todavía deja espacio para el esfuerzo de uno mismo o *purushartha*, que implica lo que podríamos llamar la gracia divina. El esfuerzo de hoy es el destino de mañana. Podríamos decir incluso que *purushartha* y el destino son lo mismo. El presente se convierte en el pasado, el futuro se convierte en el presente; pero, a decir verdad, solo cuenta *purushartha* (el esfuerzo propio). Podemos enterrar el pasado. Cuando lo divino través nuestro vemos *purushartha*, el esfuerzo personal, y lo llamamos gracia.

LOS CUATRO MEDIOS DE LA LIBERACIÓN

Los *Upanishads* afirman que la persona que está equipada con los cuatro medios puede alcanzar la realización del Ser. Para entender los *Upanishads* intuitivamente, o el texto de *jnana* (conocimiento), tenemos que cultivar estos cuatro medios: *viveka*, el discernimiento adecuado; *vairagya*, el desapego; *shatsampat*, los seis tesoros, es decir, las virtudes, lo que se refiere sobre todo al autocontrol; y, por último, *mumukshutva*, aspirar a la liberación. Los *dharma* es no son lecturas para principiantes. Swami Vishnudevananda diría que el estudio de este tipo de sabiduría agita la mente como si la pusiéramos en una batidora y que nuestra mente se somete a una purificación a fondo en todos los *koshas* o capas. Este estudio es adecuado para las personas que están preparadas y dotadas con los cuatro medios de liberación: *viveka*, *vairagya*, *shatsampat*, y *mumukshutva*.

El primer elemento de *shatsampat* es *sama*, la tranquilidad. Esta tranquilidad no es fácil de alcanzar, ya que no permite que habitemos los *indriyas*, los sentidos. No nos permite estar en contacto con los objetos sensuales del exterior. Este control de los *indriyas* no puede perfeccionarse sin *viveka* y *vairagya* porque tenemos que evaluar todo constantemente: ¿Voy en esta dirección o no? ¿Me tomo este helado o no? ¿Compro este objeto o no? ¿Lo necesito? ¿Qué me aporta?, etc. Sama también nos hace conscientes de que los sentidos suelen llevarnos hacia el exterior y de que debemos usar la mente, la educación, la práctica, la *sadhana* y el *yoga* para reducir e incluso interrumpir el contacto con los sentidos externos.

Cuando Swami Vishnudevananda llegó a Quebec (Canadá) adquirió un terreno en el norte de Montreal, que es donde los Centros Internacionales de Yoga Sivananda Vedanta tienen su sede. El terreno era muy barato en aquella época y ahora tenemos un *ashram* grande, con mucho terreno y en pleno bosque de las montañas Laurentianas. Un día, Swamiji dijo que íbamos a crear *sama*. Por aquel entonces, la mayoría de nosotros no teníamos ni idea de lo que eran el *shatsampat* o el *sama*. En nuestra mente, solo íbamos a crear una comunidad donde la gente pudiera comprar una parcela de terreno, construir su casa y vivir allí.

Ahora hay unas diez o quince casas. Las personas cercanas que quieren vivir al lado del *ashram* pueden mudarse allí y se les proporciona agua y electricidad. Vivir allí te permite ir caminando al *ashram*, comer, meditar, ir al templo y, después, volver a tu propia casa. Para las autoridades, es la Asociación oficial de miembros del Ashram Sivananda. Swamiji la llamó *Sama*, tranquilidad (por cierto, todavía hay parcelas disponibles).

El segundo elemento de *shatsampat* es *dama*. *Dama* significa el control de los *indriyas* o sentidos, que deben convertirse en nuestros servidores para que estén ahí cuando los necesitemos y que permanezcan tranquilos cuando no los necesitemos. *Dama* también significa disfrutar de paz mental. La paz de la mente es un resultado inmediato cuando no permitimos que los sentidos se vuelquen hacia el exterior en todo momento, como suelen hacer en la vida cotidiana. Si tomamos como ejemplo los anuncios, vemos que en realidad no anuncian un producto; anuncian una sensación hacia el producto, un olor, un aspecto, etc. Los anuncios hacen uso de *maya*, la ilusión. Nos impulsan hacia el exterior, nos atrapan a través de los *indriyas* y decimos: ¡Necesito eso de inmediato! Necesito ese coche ahora porque me proporcionará el aspecto que deseo y estaré a la moda. No somos conscientes de que el mundo juega con nuestros *indriyas* a menos que entremos en *sama* y *dama*. Los sentidos están muy arraigados dentro de cada individuo y no es fácil desapegarse de ellos, pero debemos continuar esforzándonos.

El tercer elemento de *shatsampat* es *uparati*, la retirada completa de los placeres sensuales. Requiere la comprensión de que los placeres sensuales son falsos, lo que demuestra que nuestro discernimiento se está volviendo más fuerte, *viveka* y *vairagya* se están robusteciendo. Este estado de comprensión es un estado cercano al del renunciante. Todo esto no sucede de forma rápida, es un proceso evolutivo largo, lento y profundo y también conduce a la renuncia al fruto de la acción. *Uparati* implica alejar la mente de los placeres sensuales, lo que significa que estás renunciando tanto si eres un monje o *sannyasin*, un swami, como si no lo eres. Te das cuenta de que todo placer sensual es falso.

El cuarto elemento se llama *titiksha*, el poder de la resistencia. Desarrollar el poder de la resistencia tampoco es fácil porque sus pares opuestos trabajan continuamente: hay oscuridad y hay luz, hay calor y hay frío, hay dolor y hay alegría. La vida es así, no es posible quedarse solo con el lado placentero. Sería de tontos creer que es posible.

Hay quien practica *yoga* porque lo anuncian como un medio para alcanzar una buena salud y gozar de bienestar. Practica *yoga* y estarás sano para siempre o practica *yoga* y desaparecerán todos sus problemas. Yo diría que los problemas surgen al iniciar la práctica de *yoga*, ya que no es fácil encontrar el poder de la resistencia: *yama*, *niyama*, *asana*, *pranayama*, este veda, aquel veda; y *raja yoga*, *bhakti yoga*, *jnana yoga*, *karma yoga*. Escuchas el *Bhagavatam* varias veces, te lees el *Bhagavad Gita* exhaustivamente y luego piensas: ¿Y ahora qué? ¿Eso es todo lo que tenía que oír? Entonces dejas la práctica y dices: El *yoga* es muy aburrido, ¿qué se lleva ahora? Es ahí cuando tenemos que resistir. Tenemos que llegar a un entendimiento intuitivo de las enseñanzas y eso es muy difícil. Estoy hablando de mi propia experiencia. Durante veinte años, las charlas de Swami Vishnudevananda eran similares. Ahora las aprecio muchísimo, pero antes pensaba: En realidad no hay nada nuevo, ya está todo dicho. La mente se apaga cuando las enseñanzas empiezan a ponerse difíciles, cuando se vuelven repetitivas, cuando de verdad tienes que empezar a esforzarte. Con paciencia, el aspirante debe aceptar los pares de opuestos, no quejarse nunca y ser consciente de que es una ley natural: hay luz y hay oscuridad, hay lluvia y hay sol, hay enfermedad y hay salud. Los sabios nunca se quejan. Ellos lo saben. Actúan con resistencia y con paciencia. La resistencia no es fácil, pero es necesaria.

El quinto elemento es *sraddha*, la fe intensa. Swamiji nos enseñó a no tener nunca fe ciega. El simple hecho de creer en la religión o las tradiciones religiosas y en las costumbres sociales no va a desarrollar la fe verdadera y no ayuda en la evolución espiritual. Pero si tenemos fe en las palabras de las escrituras o en alguien en que creemos, en nuestro *guru* o maestro, se convertirá en nuestra propia experiencia interior, una fe real basada en el razonamiento preciso y en la experiencia directa. Con el tiempo, la fe crece y se vuelve constante.

El sexto elemento es *samadhana*, el equilibrio mental que se logra a través de la atención y de la concentración adecuada. Esto no significa que no existan las dudas ni que los sentidos no se vuelquen hacia el exterior; sino que transitas de forma controlada, sabes qué está sucediendo. Cuando te preparas para entender a *Brahman* y *atman*, o el Ser, y si ya has alcanzado *samadhana*, logras el equilibrio mental a través de la atención y del conocimiento. Sabes que el Ser está en todas partes. Aplicas todas las prácticas del *yoga*. La mente puede controlarse a sí misma porque ha instalado un filtro para el correo basura, por así decirlo. En ese estado de *samadhana*, todos los *indriyas* que te arrastran acaban en la carpeta de correo basura. No alcanzan al *atman*. La paz mental que tiene lugar como resultado es un estado glorioso.

Así pues, los cuatro medios son: *viveka*, *vairagya*, *shatsampat* y *mumukshutva*, un deseo ardiente de liberación.

JAGAT – EL MUNDO EFÍMERO

Jagat, este mundo efímero, parece ser real siempre y cuando no se reconozca lo Eterno como la única realidad, al lado de la que ya no hay otra. Parece real de la misma manera que el brillo plateado del nácar se asemeja a la plata auténtica.

Jagat es un concepto muy importante en *Vedanta*. No es solo el mundo externo tal y como lo percibimos, sino también nuestra experiencia en todos sus estados: el estado de vigilia, el estado de ensoñamiento y el sueño profundo. *Jagat* se experimenta a través de diversos filtros y velos, los *upadhis*, que pueden ser físicos, mentales o intelectuales y parecen existir en la realidad como *sat*, lo infinito e inmutable. Decimos que hace buen tiempo, pero también sabemos que volverá a hacer frío. Esto significa que esta realidad es finita y, por lo tanto, no es *sat*.

Jagat parece ser la realidad. Lo que se ha percibido aparenta ser la realidad. Toda la experiencia de los objetos a través de los sentidos, con los

21

que nos identificamos constantemente, parece ser la realidad. Esa es la vida que vivimos. Nos vemos desafiados una y otra vez por los cinco sentidos, las emociones, la mente, las ideologías, el carácter, el intelecto y la experiencia global del cuerpo físico, el astral y el causal. *Jagat* es la experiencia global del cuerpo físico, el causal, y el astral, tal y como lo define El Libro de Yoga de Swami Vishnudevananda.

Jagat es lo que se presenta en forma de realidad, como *sat*. Parece real hasta que se reconoce a *Brahman* como la Existencia que todo lo abarca; entonces, deja de existir. Este concepto se describe en la analogía *vedántica* de la piedra y el perro: ves a un perro desde lejos sin saber que es de piedra y tienes miedo. Te acercas a él con cautela y te das cuenta de que el perro es de piedra. El miedo desaparece, el perro desaparece, pero la piedra permanece. Lo mismo es cierto de *jagat*: siempre y cuando percibas *jagat* como la realidad y te identifiques con los objetos mundanos, con la materia, solo verás materia, no *Brahman*. En cuanto sepas que *jagat* no es la realidad, solo verás *Brahman*. Has de desprenderte del velo y para ello es necesario que te preguntes una y otra vez ¿qué es real? ¿Qué es irreal?

Jagat parece ser la realidad al igual que el perro de piedra parece ser real hasta que descubrimos que es de piedra. Del mismo modo, la cuerda parece ser una serpiente hasta que comprobamos que es una cuerda. También, el sueño parece ser la realidad mientras soñamos; y solo una vez despertamos podemos ver con claridad que el sueño es irreal, es una ilusión.

LOS VELOS DE LA IGNORANCIA

El Maestro Sivananda decía a menudo que no basta con ser una buena persona. Esta afirmación era casi como una provocación para muchos, ¡como si no costara lo suficiente ser buena persona! No basta con superar *avidya*, pero es un requisito previo. De igual manera, la acción por sí misma no puede superar *avidya*. La forma en que la acción se lleva a cabo debe estudiarse y podemos encontrar ciertas pautas en escrituras como la *Bhagavad Gita*, el *Ramayana* o el *Srimad Bhagavatam*. Una acción puede completarse de forma desinteresada, con amor, o con la expectativa de recibir algo a cambio de la acción, ya sea material o inmaterial. Solo hacer el bien no es suficiente para levantar el velo de la ignorancia que rodea al *atman*.

Sin embargo, tan pronto como se quita el velo de la ignorancia, *vairagya*, *viveka*, *tapas*, la generosidad y también la acción aparecen bajo una luz diferente. Al igual que a veces el sol se esconde detrás de las nubes, pero brilla con la misma fuerza en todo momento, *atman* siempre emana una luz brillante, mientras que la envoltura de los *upadhis* hace con frecuencia que parezca oscuro. Tan pronto como se levanta el velo a través de *tapas*, *vairagya*, *viveka*, etc., el *atman* brilla de nuevo. Podemos reconocerlo y alcanzar la liberación.

Una vez se ha alcanzado la realización del Ser, la persona deja de verse afectada por los cambios continuos de la vida, deja de sufrir y de ser ambiciosa; pero sigue actuando sin cambios, como siempre. El objetivo es la acción en la no-acción: actuar sin apego, con conocimiento y sabiduría, y por amor a la propia acción más que con el deseo de recibir algo a cambio o de alcanzar la fama. Actuar simplemente porque algo tiene que hacerse y actuar por amor. Ese es el verdadero significado de *bhakti yoga* y por supuesto también es parte de *jnana yoga*, *vedanta*. Nada ocurre sin amor. El amor es entrega, generosidad, paciencia y acción basada en el conocimiento.

No tenemos que forzar que brille el sol porque ya lo hace en todo momento, incluso cuando está oculto tras las nubes. El verdadero Ser (el alma, el *atman*) brilla del mismo modo.

Se encuentra oculto por los *upadhis*, que pueden ser extremadamente sutiles. La identificación con la envoltura, con los tres cuerpos, es *avidya*, la falta de conocimiento o ignorancia.

El Ser es infinito y no permite ninguna pluralidad. No hay diferencias. Por eso, la mente, *manas*, que es finita, no puede comprenderlo.

Escrituras como el *Atma Bodha* dicen: El autoconocimiento solo puede alcanzarse mediante la experiencia directa. El desprendimiento de las cosas mundanas es un prerrequisito, al igual que la práctica de *vairagya*. Después, los velos, los *upadhis*, se desvanecerán como las nubes y el sol. El Ser se hará visible. Eso es la autorrealización.

MAHAVAKYAS – LAS GRANDES DECLARACIONES

1) **Prajnanam Brahma** – La conciencia es *Brahman*
(*Aitareya Upanishad* 3.3, *Rig Veda*)

2) **Ayam Atma Brahma** – Este Ser (*atman*) es *Brahman*
(*Mandukya Upanishad* 1.2, *Atharva Veda*)

3) **Tat Tvam Asi** – Tú eres Eso
(*Chandogya Upanishad* 6.8.7, *Sama Veda*)

4) **Aham Brahmasmi** – Yo soy *Brahman*
(*Brhadaranyaka Upanishad* 1.4.10, *Yajur Veda*)

Estos son los *Mahavakyas*, las grandes afirmaciones de los *Upanishads*. Empezar a comprender su significado profundo requiere algo de preparación. A través del contacto con otros practicantes, leer o escuchar las experiencias de otros, recibimos la confirmación de que estamos en el camino correcto; y nos damos cuenta de que de una manera u otra todos nos topamos con los mismos problemas. En este punto podemos comenzar con la meditación sobre *vidya* o la sabiduría. Los pensamientos siguen ahí, pero son los más positivos, los *Mahavakyas*. La mente se ha purificado y ahora no solo se centra en un objeto superior, sino que también se dirige hacia *vidya*, la sabiduría que todo lo abarca.

Tat Tvam Asi significa Tú eres Eso, la esencia de las esencias, *atman*, la única realidad. Este es un concepto muy elevado. Se le puede denominar avanzado porque requiere algo de preparación previa: estudios teóricos, *asanas*, *pranayama*, la dieta vegetariana, el servicio desinteresado, la adoración de las energías divinas...

Todos estos pasos constituyen la preparación para el estudio de los *Upanishads*, de manera que la idea de que todo es uno pueda aceptarse y que pueda tener lugar la identificación final con este concepto.

Según la filosofía no dualista del *Vedanta*, tú eres la esencia más íntima, y la esencia de todas las esencias es «*atman*». La filosofía explica *Brahman*; y la persona que puede aceptar esta filosofía y que se ha preparado para reflexionar sobre estos conceptos experimenta una meditación maravillosa. Desaparecen las razones por las que enojarse, tener miedo o tener celos. Solo existe la unidad. La mente se siente en calma. El amor verdadero se hace posible, ya que no puede haber ningún tipo de competición cuando solo existe la unidad, la unidad puesta en práctica. La persona que practica este tipo de meditación con regularidad purifica la mente, adopta una nueva visión sobre la vida cotidiana y comprende que ella o él no es el centro del mundo, sino que todo es uno, que todo constituye el universo.

Según Swami Sivananda, la frase *Tat Tvam Asi* es la más elevada. Es una fórmula muy corta, una semilla de la que puede brotar todo el conocimiento o *vidya* y que puede cambiar la conciencia. Esta frase tan simple expresa perfectamente el camino y la verdad. Es reconfortante y otorga un poder espiritual increíble porque se hace evidente que el cuerpo no es todo lo que existe, que hay algo más allá y que, en realidad, nada se desvanece: todo está en un proceso de transformación.

Tat Tvam Asi es una afirmación contundente y directa. *Vidya*, la sabiduría, puede ser dura. Cuando no hay emociones que cubren la verdad, a veces es difícil de aceptar. Swami Vishnudevananda diría: En realidad, todos nos comemos a nuestros antepasados; y luego lo ilustraría: Me estoy comiendo un tomate; cuando muera y me entierren, los cinco elementos de mi cuerpo físico regresarán a la tierra. En mi tumba crecerá una tomatera y absorberá los nutrientes de la tierra en la que se ha transformado mi cuerpo físico. La planta se come la comida que yo me había comido antes.

Tat Tvam Asi conduce a la reflexión; y este tipo de reflexión es la que desarrolla la conciencia. No obstante, siempre necesitamos de la explicación y la enseñanza del profesor o del *gurú*. En nuestra tradición nos remitimos a las escrituras de Swami Sivananda, cuya sabiduría tradujo Swami Vishnudevananda maravillosamente en un método aplicable y factible. Los *satsang* (la palabra significa estar en compañía de la verdad) nos ayudan porque oír y contemplar de manera repetida lo que se escucha, dirige la fuerza interior espiritual para que nos ayude en la vida cotidiana.

Estudiar la sabiduría de los *Upanishads*, que están resumidos en los *Mahavakyas*, nos invita a reflexionar sobre lo que real y lo irreal, lo mutable y lo inmutable. Nos lleva a entender que lo que permanece es la Nada, que podemos llamar llamar *Atman* o *Brahman*, el Ser, el alma.

Las cosas que a simple vista nos parecen reales cambian y desaparecen; y nuestra reacción ante ese cambio es el sufrimiento. El objetivo de la meditación es aliviar este sufrimiento para darnos cuenta de que nada es eterno excepto el *sat*, lo absoluto, el sustrato del universo, y de que no somos nada más que Eso.

Swami Vishnudevananda compartió un ejemplo muy claro para explicar esta verdad. ¿Una persona se convierte en alguien diferente si recibe un trasplante múltiple de corazón, riñones, brazos, piernas e incluso de cara? El concepto de yo no ha cambiado. El cuerpo es solo la casa o el vehículo en el que y con el que las experiencias como hablar, caminar, comer, oler, etc. se llevan a cabo. Todas esas experiencias son necesarias, al igual que el coche es necesario para movernos más rápido, el avión incluso más rápido y el cohete más rápido todavía. Pero la mente llega a su límite en algún momento. Los *Mahavakyas* dicen que no somos lo que pensamos, sino mucho más. Tenemos que detener el pensamiento limitado. Al contemplar los *Mahavakyas*, el meditador llega con el tiempo a la conclusión de que realmente todo es Uno, de que no hay nada excepto la existencia absoluta.

Una vez comprendemos esta verdad, ¿cómo vamos a dañar o herir algo o a alguien? Sería lo mismo que dañarnos a nosotros mismos. Meditar sobre los *Mahavakyas* nos saca del pensamiento habitual de yo y mío. Nos permite reconocer que aquellos a quienes llamamos Pepito o Menganito no son más que un instrumento. Luego, tiene lugar la identificación con el *atman*: *Aham Brahmasmi* – Yo soy «*Brahman*».

Pero no debemos olvidarnos nunca de que el enfoque intelectual o filosófico no es suficiente: la práctica paralela de técnicas probadas para preparar la mente es indispensable. Tenemos que cambiar los hábitos, revisar las actitudes y controlar las emociones; de lo contrario, el estudio y la meditación sobre los *Mahavakyas* no serán fructíferos. Las técnicas de *hatha yoga* y *karma yoga* (servicio desinteresado) preparan el terreno. Con el tiempo, la mente se expandirá y entenderá que no es lo que pensaba que era; y estallará como un coco. No resulta fácil, un coco es muy difícil de romper; pero es posible.

ATMA BODHA, DE SRI SHANKARACHARYA

Atma Bodha de *Sri Shankaracharya* es una de las escrituras más sofisticadas del *Vedanta*. Su único tema, discutido desde todas las perspectivas posibles, es la autorrealización. *Atma* significa el Ser, *bodha* es realización, realización debida a la sabiduría, no a las acciones. *Shankaracharya* compuso la escritura en 68 versos. Compuso es el término correcto, ya que en realidad se trata de una melodía en sánscrito, una lengua que nos inspira y nos eleva solo con escucharla e incluso sin entender su significado. Se dice que el *Atma Bodha* es la escritura más melódica de *Shankaracharya*.

Shankaracharya fue un destacado *vedantin* y dedicó su composición a la Madre Divina. No se trata de una contradicción. *Shankaracharya* practicaba *bhakti*, rituales, *pujas* y ceremonias de adoración porque, incluso para el *vedantin*, el corazón debe obtener lo que le corresponde. No existe ningún conflicto entre los diferentes caminos. Todo el mundo puede decidir por sí mismo qué camino debería ser el principal, pero el estudio del *Vedanta* es siempre la base necesaria para el progreso. Incluso el *bhakta* más entregado debe haber entendido que Dios está en todas partes, no sólo en la estatua del templo.

En los *Vedas* pueden encontrarse las raíces de los cuatro caminos del *yoga* (*bhakti, raja, karma, jnana*). En *jnana yoga*, la autorrealización es el único tema: todo es uno, todo es *Brahman*, todo es *maya*. Tal afirmación nos podría alentar a relajarnos y decir: Bueno, si todo es *Brahman*, no hay nada que yo pueda hacer.

Esa forma de pensar supondría un triste error porque tenemos que acercarnos al Ser a través del no ser. El *Atma Bodha* afirma con rotundidad que el objetivo no es ningún tipo de realización nueva, sino que se trata más bien de una re-realización. En el *Atma Bodha*, *Shankaracharya* describe el objetivo real de la vida y explica que para conseguirlo podemos emplear métodos y técnicas puramente mentales y espirituales, a diferencia de otros caminos que emplean objetos de adoración, acción o reflexión. El *jnana yoga* consiste solo en un esfuerzo mental; no hay objetos brutos.

La llave de oro para la autorrealización, en la filosofía *Vedanta*, reside en el estudio de los shastras o las escrituras, de los *Vedas* o los *Upanishads*. Las escrituras como *Atma Bodha, Viveka Chudamani, Panchadasi* o *Tattva*

Bodha son conocidas como *prakarana* y contienen la esencia de los *Vedas*, es decir, la diferencia entre *maya* y no *maya*, es decir entre la ilusión y la no ilusión.

Sin embargo, hay ciertos requisitos previos para que el aspirante obtenga el máximo beneficio del estudio de escrituras como *Atma Bodha*. Veamos alguno:

- *Viveka*: discernimiento entre lo real y lo irreal
- *Vairagya*: templanza, por ejemplo, ante las emociones constantes que cambian en un segundo
- Virtudes como la bondad, la pureza, la tranquilidad, la fe y la autodisciplina
- El deseo inquebrantable de la liberación

Está permitido cultivar este deseo que no es realmente un verdadero deseo. El Maestro Sivananda señalaría que no es posible desear algo que ya somos. Pero el deseo de recorrer el camino debe existir. Tiene que haber un objetivo claramente definido. Ha de existir el deseo constante de redescubrir el *atman*. No todos los que recorren el camino espiritual tienen este deseo urgente. Es fácil distraer la mente y persuadirla hasta alejarla del objetivo.

El estudio de las escrituras como *Atma Bodha* ayuda a mantener vivo este deseo.

DESTELLOS DE LOS UPANISHADS

Los *Upanishads* son una colección de textos filosóficos del *Vedanta*, el fin del conocimiento. Cuando comprendemos estamos en *vidya*, el conocimiento. No es conocimiento sobre coches, oro, el mercado de valores, etc., sino el conocimiento sobre lo real y lo irreal en un sentido universal, filosófico. Los *Upanishads* fueron transmitidos por tradición oral y hoy día encontramos gran cantidad de comentarios y explicaciones sobre ellos. Muchos filósofos occidentales valoraban gratamente los *Upanishads*, entre ellos Emerson, Platón, Kant o Schopenhauer, de quien se dice que siempre tenía los *Upanishads* sobre su escritorio.

Los *Upanishads* hablan de la verdad en relación con *Brahman* y en relación con *atman*. Estas escrituras pueden parecer repetitivas desde una perspectiva estándar porque siempre tratan los mismos temas: *Brahman*, *atman*, la verdad, *vidya*, *vairagya* y *viveka*. Se necesita cierto nivel de expansión de la conciencia para estudiar estas escrituras; aunque, con el tiempo, el mensaje de los *Upanishads* se entiende desde la intuición.

Brahman es el espíritu y la verdad universal, mientras que *atman* es el Ser superior individual dentro de nosotros. *Brahman* es infinito y la suma de todo, mientras que *atman* es el espíritu perfecto inmortal dentro de nosotros. *Atman* y *Brahman* son uno. Esa es la esencia. Swami Sivananda decía: No existe libro tan conmovedor e inspirador como los *Upanishads*. Contiene la esencia de todos los vedas y la experiencia directa o revelaciones de los *yoguis*, sabios y *rishis*. Es un producto de la más elevada sabiduría.

Los *Upanishads* son la parte de conocimiento de los *Vedas*. Hay cuatro *Vedas* (*rig veda*, *yajur veda*, *sama veda* y *atharva veda*) y son la fuente de saber profundo del *Vedanta*. Cuando le preguntábamos si debíamos estudiar los *Vedas*, Swami Vishnudevananda decía: No disponéis de tiempo suficiente para hacerlo; necesitaríais vidas enteras para poder estudiar los *Vedas*. Concentraos en la esencia, concentraos en los *Upanishads*.

La palabra *veda* proviene de vid, saber, por lo que significa El libro de la sabiduría. También se dice que nadie escribió los *Vedas*, sino que son la expresión directa de Dios o *Brahman*. Los *rishis*, los sabios, los seres que habían trascendido la naturaleza inferior, recibieron este conocimiento intuitivo de boca de Dios; aunque no se puede dar fecha. A veces se llega a decir que los *Vedas* existían antes de la creación, lo que significa que no provienen del hombre, que están más allá. Los *Vedas* están vinculados con la filosofía *Vedanta*, la sabiduría antigua, y con *Jnana*, el conocimiento del entendimiento universal: ¿Quién soy yo y de dónde vengo? y Yo soy uno con el todo. Swami Sivananda dice que si conoces los *Upanishads*, tu ignorancia, *avidya*, se destruye. Esta ignorancia no es de naturaleza terrenal, no está relacionada con cuestiones mundanas, sino que es la ignorancia de no saber quiénes somos ni de dónde venimos.

La enseñanza principal que se repite en todos los *Upanishads* es: La emancipación final puede alcanzarse solo a través del conocimiento de la realidad final, *Brahma Jnana*, el conocimiento de *Brahman*. Esa es la esencia de todos los *Upanishads*.

EL YOGA Y LA MENTE

HIRANYAGARBHA – LA INTELIGENCIA CÓSMICA

La función de la conciencia a la que llamamos intuición, que no tiene nada que ver con los procesos de pensamiento, es conducirnos a un plano de sabiduría o inteligencia cósmica que llamamos *hiranyagarbha*. Todo lo que tenemos que aprender ya existe en el cosmos en forma de energía. Esto incluye todos los pensamientos que pensamos en algún momento e incluso las invenciones. La persona que consigue elevarse con éxito por encima de su propio barro y reducir la velocidad del pensamiento intelectual alcanza la conciencia cósmica, la intuición. Puede formular preguntas y recibir respuestas desde la inteligencia cósmica. Es la inteligencia cósmica la que posibilita el nacimiento, la que hace que los brotes se abran y florezcan y la que rige el funcionamiento de la naturaleza en su regularidad, belleza y sabiduría. Nosotros somos parte de esa inteligencia cósmica.

El funcionamiento de un cuerpo sano, la fertilización mutua que crea un nuevo ser, los ojos brillantes de un alma pura, el olor del cuerpo sin perfume (si se nutre de forma adecuada), los movimientos del cuerpo. Todos son ejemplos de la inteligencia cósmica que está presente en todo el universo y que, por lo tanto, también está en cada individuo. Son muestras de cómo el universo exterior e interior es uno en última instancia. Somos obras de arte de la inteligencia cósmica, *hiranyagarbha*, la cual fluye a través del cosmos.

¿Cómo podemos acceder a esta inteligencia cósmica? ¿Cómo podemos convertirnos en sabios? ¿Cuál es el significado de la sabiduría? Las respuestas a estas preguntas podemos encontrarlas en el *yoga*, en la unión entre aquello que creemos ser y aquello que somos en realidad. Eso es el *yoga*, un puente de unión.

Podemos dar respuesta a esas preguntas si convertimos el subconsciente en positivo, si orientamos nuestros pensamientos y decidimos qué y cómo pensar en lugar de dejar que los hábitos predeterminen lo que pensamos. Así entenderemos que somos el conductor del vehículo, no el vehículo y nos haremos la pregunta: ¿Quién soy? Es aquí donde entra en juego el intelecto, un intelecto que ha recibido información nueva de los sabios que ejemplifican las enseñanzas a través de su propia vida en el sistema *gurukula*. Ellos pueden servirnos de modelo. Hasta este punto puede que también hayamos aprendido de ejemplos o modelos a seguir que no nos han llevado muy lejos. Es por eso que recurrimos a nuevos modelos. De esta manera ralentizamos la inquietud interior y la mente se aquieta. Luego se calman el cuerpo y la respiración y *hiranyagarbha*, la inteligencia cósmica, puede surtir efecto. Si nos adentramos en la meditación con preguntas claras, acabaremos encontrando respuestas, lo cual puede sernos de gran ayuda en la vida diaria. Si todavía no tienes seguridad, o tu propia intuición aún no se ha desarrollado lo suficiente, puedes recurrir a personas que estén algo por delante en el camino para que te orienten. Tu capacidad se desarrollará con la práctica y serás capaz de responder a las preguntas para acceder a *hiranyagarbha*.

LOS TRES NIVELES DE LA MENTE

El *Raja Yoga*, al cual llamamos a menudo la psicología del *yoga*, afirma que hay tres niveles de conciencia: el subconsciente, el consciente y el superconsciente; o el instinto, el intelecto y la intuición. El nivel subconsciente es muy interesante, importante y útil para el desarrollo integral de la personalidad de cada uno. Aquí se almacena todo lo que proviene de encarnaciones anteriores, incluidas las vidas en forma de animal, vegetal o mineral. Según los *Vedas* recorremos hasta 840.000 niveles de existencia antes de poder llegar a hablar de conciencia.

Así pues, el subconsciente es un acopio de información de la que no nos preocupamos en el momento presente y que en un momento dado puede aflorar a la superficie, a la mente consciente, donde puede parecer nueva y única.

Una de las funciones del subconsciente es la de almacenar aquello que se ha aprendido en algún momento para que pueda activarse cuando sea necesario, como por ejemplo conducir, subir las escaleras, leer, escribir, etc. Este nivel instintivo, también presente en el reino animal, conforma la mayor parte de nuestras actividades diarias. Muy a menudo pensamos que estamos aprendiendo algo nuevo, cuando en realidad lo estamos extrayendo del depósito del subconsciente.

El *yoga* compara, con precisión, la mente con un lago al fondo del cual hay una gran cantidad de lodo. Cuando el agua se agita, el barro se arremolina y no podemos discernir aquello que está oculto en la mente-lago. Cuando no hay olas, cuando el lago está tranquilo, podemos ver con claridad el fondo y todo lo que hay en él. Las olas que hacen que el agua se agite son los múltiples pensamientos que están siempre presentes, como por ejemplo los deseos cumplidos y por cumplir, los recuerdos del pasado o las proyecciones del futuro. Nada de ello está relacionado con el aquí y el ahora. Todos los yo y lo mío salen a la luz cuando el intelecto no discierne y no puede decidir qué pensar y qué no pensar. Si el subconsciente tiene el control, el pasado hablará por sí mismo. La persona se verá manipulado por este y no será capaz de realizar cambios. La mente subconsciente y la consciente trabajan de forma conjunta para poder aprender nuevo contenido. La parte consciente, que por lo general está menos presente, tendría que ser más activa, pero eso exige fuerza, *prana*, autodisciplina, regularidad, etc. Debido a la pereza, solemos refugiarnos en lo que ya conocemos, en el nivel instintivo. El *yoga* aspira a activar el intelecto consciente con diferentes técnicas, como por ejemplo la práctica de *asanas*. Con ellas, el practicante aprende a estar muy presente y a concentrarse, incluso cuando los movimientos o la postura no son complicados y podría resultar fácil dejarse llevar por el subconsciente. Se dice que el contenido positivo se almacena más cerca de la superficie y que puede activarse más fácilmente, por lo que siempre gana. Así pues, debemos cultivar los pensamientos positivos para que acaben siempre en el s ubconsciente. El *yoga* hace uso de la canalización del subconsciente. Sin embargo, aquello que se ha pensado o hecho durante muchas vidas no puede corregirse y sublimarse en un período corto de tiempo.

Los hábitos son un gran obstáculo, pero también pueden sernos útiles. Un buen ejemplo sería que no tenemos que pensar qué camino tomar cada mañana porque nos lo aprendemos una vez transcurrido algún tiempo. De la misma manera, podemos hacer que el pensamiento positivo, el coraje y la compasión se conviertan en un hábito, convertirnos en alguien nuevo y ser más felices y pacíficos. A menudo, las personas no son felices porque perciben la vida desde el punto de vista instintivo, el cual nace en el reino animal. Prueba de ello sería cuando marcamos territorio encargándole a un arquitecto que nos diseñe una vivienda maravillosa solo porque el instinto nos había dicho: Voy a construir la casa de mis sueños. El instinto de supervivencia sale a relucir con el uso de las neveras, como cuando los animales esconden alimentos en el suelo para abastecerse para el invierno. El intelecto no participa. Solo sube a la superficie cuando empezamos a preguntarnos: Pero, ¿quién soy yo? ¿Soy el ser que construye casas, gana dinero, come, duerme, tiene hijos y se pone ropa de los colores de moda? ¿Soy eso realmente? Estas preguntas provienen del intelecto puro, de la lógica, del discernimiento. Cuando las formulamos, el intelecto se separa del instinto.

Una vez que nos preguntamos con sinceridad ¿Quién soy yo?, nos abrimos a la posibilidad de ser algo distinto de lo que pensamos de nosotros mismos. En realidad, el simple hecho de que surja la pregunta indica que somos sin duda algo más.

Es aquí donde comienza el camino interior. La persona se da cuenta de que, hasta el momento, el subconsciente había prevalecido en sus actos. Es ahora cuando empieza la ardua labor de la sublimación, la cual implica conducir el pensamiento positivo hacia el subconsciente con la ayuda del intelecto. Este trabajo requiere asesoramiento, ya que estudiar los libros no es suficiente: necesitamos que nos guíen aquellos que están más avanzados en el camino. De lo contrario, existe el riesgo de meternos por el camino equivocado y caer en los extremos: por ejemplo, que cambiemos todo de inmediato (el trabajo, la familia, el entorno, etc.).

La capacidad de discernimiento siempre ha existido, pero tenemos que entrenarla. Para decidir qué es bueno y qué no lo es, necesitamos una perspectiva muy neutra sobre nosotros mismos. Cuando los deseos predominan, el intelecto tiene que estar alerta. Por ejemplo, cuando existe el deseo comprensible de sentirse mejor, física o mentalmente, podríamos pensar que bastará con tomar una pastilla. El intelecto interviene y nos recuerda los efectos secundarios y que podríamos llevar a cabo ciertas prácticas en su lugar. Sin embargo, el efecto deseado no es tan inmediato con esas prácticas y nos resultaría mucho más fácil tomar la pastilla. El deseo de encontrar el bienestar lo más rápido posible se ve contrarrestado por la lógica, la cual nos dice que la manera fácil es tentadora, pero que podría tener aspectos negativos. Además, solo el camino bueno, pero más largo y más exigente, traerá los efectos deseados a largo plazo.

Al final deberán trascenderse todos los niveles de conciencia: el subconsciente o instinto, el consciente o intelecto y también el superconsciente o intuición; pero es el subconsciente el que genera mayores dificultades.

Por lo general, el intelecto está más activo durante el período de aprendizaje; pero cuando acabamos los estudios y la formación académica, el automatismo del subconsciente suele apoderarse de nosotros y los pensamientos pasan a referirse sobre todo al pasado. El subconsciente es como un ancla que se aferra al aspecto negativo. Esta ancla ha de izarse para que podamos superar patrones de pensamiento habituales como el miedo, los celos, las preocupaciones del día a día, etc. Si bien tenemos que lidiar con todos estos aspectos y darles su debido lugar, debemos darnos cuenta de que la verdadera esencia se encuentra en la pregunta ¿quién soy yo?

MEDITACIÓN DE RAJA YOGA

En la tradición milenaria del *yoga*, el camino del *raja yoga* es el que mejor describe la psicología de la mente humana. El *raja yoga* explica las funciones de la mente, los estados de conciencia, los conceptos del *prana* o fuerza vital, los *chakras* y la *kundalini*, así como los distintos niveles de la meditación.

El estudio del *raja yoga* nos ayuda a entender el funcionamiento de nuestra mente, la forma en que a menudo nos identificamos con ella y cómo esto nos lleva a desarrollar la idea errónea de que nuestra conciencia mental no puede cambiarse. A menudo nos sentimos limitados por la situación en la que nacemos y los miembros de la familia que nos rodean, pero la práctica de *raja yoga* puede elevarnos por encima de cualquier estado de conciencia.

Los *sutras* del *raja yoga*, una compilación realizada por *Patanjali Maharishi*, le dieron al *raja yoga* su forma actual. El estudio de estos versículos revela la tendencia a repetir ciertas acciones que fortalecen hábitos antiguos y asentados, a la vez que sugiere posibilidades de cambio. En el *raja yoga*, este proceso se llama sublimación. Podemos sublimar nuestros pensamientos y acciones y darles una nueva forma. De este modo, podemos llegar a vivir de forma más tranquila y serena a través de nuevos pensamientos y acciones. No tenemos por qué aceptar nuestra sensación de que estamos atrapados mentalmente en un rincón oscuro. El *raja yoga* nos aporta un rayo de esperanza.

Los *sutras* tienen un total de 196 versos y se dividen en cuatro capítulos. No se trata de una escritura larga, pero el verdadero estudio del *raja yoga* lleva tiempo. Es el estudio psicológico de uno mismo: no les pedimos a otros que nos digan quiénes somos, sino que contemplamos nuestro interior. La purificación del *raja yoga* podría pasar desapercibida para los demás. Quienes practican cerca podrían ser conscientes de nuestra purificación, pero no harán comentarios al respecto.

El sistema de *raja yoga* se describe en ocho pasos:

1) **Yama**, restricciones éticas

2) **Niyama**, observancias morales

3) **Asana**

4) **Pranayama**

5) **Pratyahara**, control de los sentidos

6) **Dharana**, concentración

7) **Dhyana**, meditación

8) **Samadhi**, la trascendencia final de los pensamientos, la sustancia mental verdadera, el autoconocimiento y la autorrealización que tiene lugar como resultado.

El libro Meditación y Mantras de Swami Vishnudevananda contiene un apartado excelente sobre los *sutras* del *raja yoga* y es muy apropiado para los estudiantes occidentales. También son muy recomendables los escritos de Swami Vivekananda.

EL OBJETO DE LA MEDITACIÓN

El estudio psicológico no es suficiente, ya que también es necesario establecer una conexión pura con la espiritualidad o divinidad. En esta práctica tan personal de la espiritualidad podemos elegir entre múltiples opciones.

Durante la práctica meditativa, una persona de educación cristiana podría centrar su atención en Jesús, la Cruz, Santa María Madre de Dios o el Niño Jesús. También rezar un rosario. Es importante tener un punto sobre el que descansar la mente. Al igual que un pájaro que descansa sobre una rama, la mente humana necesita un punto de concentración durante la meditación. De lo contrario la mente volverá a caer en viejos hábitos de pensamiento.

Del mismo modo, podemos elegir una imagen o símbolo budista, judío o islámico. Aquellos que no se sientan cómodos con las formas religiosas tradicionales pueden elegir una imagen *vedántica*. Para comprender estas imágenes espirituales y usarlas en meditación necesitamos unos conocimientos básicos de *Vedanta*. El *Vedanta* es la filosofía más elevada conocida por el hombre, ya que afirma que solo hay una realidad. En lugar de utilizar el término Dios, habla de una realidad inmutable y que está presente en todas las manifestaciones visibles e invisibles de la naturaleza, así como dentro de cada uno de nosotros. Es eterno y lo abarca todo. *OM*, *A-U-M*, es la palabra que expresa todos los niveles de esta realidad a través del sonido. La música es un vehículo importante en el *yoga*. Nos ayuda a sintonizar con una energía armoniosa repleta de amor y, en última instancia, con la energía de los *chakras*, los sonidos interiores de *anahata*. Podemos escuchar estos sonidos cuando profundizamos en nuestro interior y nos apartamos de todos los estímulos externos que potencian los sentidos.

Cada centro de energía tiene su propio sonido. *Ajna chakra*, el centro energético del pensamiento y del conocimiento, tiene el sonido *OM*. OM es un sonido energético que no está vinculado a ningún nombre ni forma. Es la expresión de sonido más universal producida por las cuerdas vocales. Este *A-U-M* resuena en el mmmm, la vibración primordial del universo en la que nos concentramos durante la meditación. En los estudios de religión comparada se dice que palabras como *amen* y *shalom* derivan del *OM*. Los *mantras* y los sonidos meditativos conducen a la contemplación. Por otro lado, los sonidos de nuestro idioma tienden a desviar la atención hacia las preocupaciones y los deseos del día a día. Quien practica deberá centrar la mente en la vibración primordial del mmmmm del *mantra* universal *A-U-M*.

¿Cómo sabemos que *OM* es el sonido primordial? Lo sabemos porque así lo manifestaron los sabios autorrealizados y, al igual que sucede con otras ramas de estudio, nuestra única opción es creérnoslo. Si estudiamos medicina, por ejemplo, habrá ciertos aspectos que en principio tendremos que aceptar como verdaderos hasta que los experimentemos de primera mano como médicos. Esto también se aplica a las clases de conducir, de carpintería o de *yoga*. ¿De dónde recibieron su conocimiento Jesús o Buda? Lo obtuvieron a través de su propia experiencia. En la tradición *yóguica* decimos que tales seres se denominan sabios. Ellos sintonizaron con los niveles de sonido sutiles y los describieron en los *Vedas*, las escrituras más antiguas que conocemos hasta día de hoy en la Tierra. Aquellos que no practican podrían dudar, pero la práctica conduce a la experiencia y esta constituye la base de la fe. Esta fe nos lleva más lejos y nos conduce a la experiencia final.

El silencio no es silencioso. Cuando nos sumergimos en nuestro interior, nos unimos al sonido que siempre ha estado vibrando en *ajna chakra*. Es la forma más fácil, rápida, práctica y lógica de desapegarnos de las vibraciones de sonido de nuestra lengua. Puede que el contenido del lenguaje sea elevador, pero su grado de conciencia sigue siendo limitado. Tenemos que ir más allá de esa conciencia para realizar nuestro verdadero ser.

Cuando no nos sentimos seguros, podemos empezar con el *OM*. Es la forma más sencilla de conectar con una meditación clásica de *yoga*. Si ya tenemos una práctica espiritual o una conexión con las formas espirituales de cierta religión, podemos empezar por concentrarnos en un objeto religioso de libre elección y utilizar de igual modo el *OM*. El *OM* es neutro. Las imágenes meditativas espirituales del *Vedanta* nos conectan con varios niveles de energía que se fusionan con el ser supremo e inmutable. *Vedanta* considera que estos niveles energéticos son los principios de la creación, la preservación y la destrucción.

La creación es aquello que se renueva constantemente. En otoño, todo se llena de colores (plenitud, preservación). En invierno, la naturaleza parece estancarse (destrucción). En primavera, todo parece ser nuevo, es como una nueva creación. El *yoga* contempla la creación, la preservación y la destrucción como algo divino porque se extiende a todo el universo. No hablamos de dioses que hablan un idioma específico o tienen cierto aspecto, sino de niveles energéticos que incluyen sonidos divinos. Así pues, hay sonidos energéticos específicos para la creación, la preservación y la destrucción. Los *yoguis* y sabios percibieron estos sonidos en estados meditativos de superconciencia y nos los transmitieron. Son *mantras* clásicos muy antiguos que, al repetirlos, nos permiten conectar con los sonidos de esos tres niveles, como si sintonizáramos una radio. El sonido nos envuelve e impregna nuestro ser como una ducha de oro puro; y, a su vez, lo radiamos a nuestro alrededor. Cuanto más repetimos el *mantra*, más conectamos él y más nos fundimos con la energía cósmica.

GUNAS – INTRODUCCIÓN

El término sánscrito *guna* suele traducirse como cualidad. Los tres *gunas* (*sattva*, *rajas* y *tamas*) representan las partes características de la naturaleza y la materia básica de la que se componen, *prakriti*. Dado que son formas de *avidya*, la ignorancia, tenemos que trascenderlos para alcanzar la liberación. Los *gunas* constituyen la base de la identificación con el cuerpo y la mente. La persona que ha trascendido los tres *gunas* se despoja de los ciclos del nacimiento y la muerte, deja atrás la decadencia y el dolor y alcanza el autoconocimiento.

Los *gunas* se manifiestan de la siguiente manera:

1) **Sattva** (pureza, limpieza, cristal, blanco). Si una persona está dominada por *sattva*, emana la luz de la sabiduría y el poder del discernimiento. Los pensamientos puros y elevadores y la comprensión pura dominan la mente de la persona que se aleja de los placeres sensuales y se orienta hacia el conocimiento. Sin embargo, podríamos acabar identificándonos con *sattva* y desarrollar apego. En este punto, la persona que vive e *sattva* disfruta de su superioridad y se jacta de ella.

Lo más importante para nuestro desarrollo espiritual es cultivar *sattva* en el patrón general de pensamiento. Cuando conducimos un coche, por ejemplo, debemos hacerlo con calma y energía, con rapidez pero con control. Eso es lo que entendemos por *sáttvico*. Cuando hablamos del consumo de alimentos, *sattva* significa comer sin prisa y con agrado, disfrutar del sabor sin engullir la comida sin pensar. *Sattva* significa mantener la calma en una discusión acalorada. La reacción de un cirujano que se enfrenta a una complicación imprevista durante una operación y reacciona con control es *sáttvica*. Este principio se puede aplicar a todos los caminos de la vida. También implica mantener el sentido de la perspectiva y permanecer en calma, abordar cada asunto con atención y ocuparse de él hasta resolverlo. Este es el método que distingue a una persona de éxito.

2) **Rajas** (inquietud, deseo, codicia, rojo). La actividad *rajásica* puede confundirse con *karma yoga* o con actividades divinas. Al parecer, el servicio desinteresado se vuelve *rajásico* cuando el motivo detrás de la actividad está vinculado a deseos personales. Hay personas que no pueden quedarse quietas ni un minuto y necesitan mantenerse ocupadas de alguna manera. Un *yogui* o una persona sabia que puede permanecer sentada inmóvil y que controla la mente es la persona más activa del mundo. Cuando la actividad intensa ocurre en *sattva*, nos recuerda a una rueda que gira muy rápido y, aun así, parece estar quieta. En el lado opuesto se encuentra la energía incontrolada, que parece ser fluida y activa. El término *rajásico* define a las personas que nunca tienen tiempo y que nunca sienten la necesidad de reflexionar porque siempre van con prisa.

3) **Tamas** (olvidar el deber propio, confusión, oscuridad, falta de discernimiento, letargo extremo, inconsciencia, perder la cabeza, errores, negro). Cuando la naturaleza se encuentra en la oscuridad, en la noche, es el momento de descansar el cuerpo y dormir. Si se descuida el ritmo natural de sueño y de vigilia, *tamas* aumenta. La ciencia del *Ayurveda* lo llama *kapha*. Si *tamas*, el letargo, domina sobre el cuerpo físico, la condición se transfiere a la mente, a la capa intelectual y emocional. Como consecuencia podríamos sentirnos deprimidos, tener la sensación de que nos falta el aliento, mostrar comportamientos agresivos y sentir que nuestra rutina diaria nos supera. La calma que se consigue con el alcohol, las drogas o los medicamentos que producen cambios de humor es *tamásica*.

Tamas suele manifestarse de una forma bastante sutil. Eres feliz por temporadas, a veces duermes demasiado y otras veces demasiado poco, en ocasiones eres paciente y te sientes satisfecho; y en otras ocasiones es justo lo contrario. Unas veces rebosas amor y otras irradias odio. Los cinco puntos del *yoga* de Swami Vishnudevananda (el ejercicio adecuado, la respiración adecuada, la relajación adecuada, la alimentación adecuada y el pensamiento positivo y la meditación) constituyen un método probado para deshacerse del *tamas* acumulado.

Los *gunas* son a *prakriti* lo que una joya es al oro. Al igual que no puede separarse el calor del fuego, los *gunas* y *prakriti* no pueden separarse y son idénticos.

El sol refleja en el agua. El agua se mueve formando olas y genera la ilusión de que el sol se mueve o de que tiene olas en su superficie. De la misma manera, *atman* parece moverse cuando los *gunas* atraviesan la mente; pero *atman* siempre permanece intacto. Este fenómeno es una superposición.

En el mundo manifestado los *gunas* están desequilibrados y se reflejan en todos los aspectos de la vida: la nutrición, la acción, la fe, etc. Para poder dominarlos, es necesario reconocer su efecto sobre el plano mental.

GUNAS Y ACCIÓN

Podemos ver el efecto de los *gunas* en nuestra forma de actuar. Todos los días nos topamos con algún que otro desafío y nuestra forma de proceder marca la diferencia. Por la noche, cuando meditemos o practiquemos la contemplación, podemos reflexionar sobre la forma en que hemos actuado ese día: ¿He tenido una reacción «*sáttvica*» hacia otra persona ante una situación desagradable? ¿Le he dado espacio a la otra persona y me he dado cuenta de que el problema se resolverá tarde o temprano? ¿He reaccionado de forma «*rajásica*» con la misma intensidad? ¿O me he alejado de manera «*tamásica*» y letárgica? Las situaciones que nos provocan dificultades son siempre de la misma índole; pero parecen ser únicas debido a las circunstancias externas. Nuestra reacción y el comportamiento que mostramos son resultado de los *samskaras*, las impresiones sutiles de vidas anteriores, pero también de la encarnación actual. Estas impresiones han creado deseos en el pasado y siguen haciéndolo. Los deseos llevan la marca del *guna* predominante y pueden aparecer en cualquier momento. Por lo tanto, es obvio que *samsara*, la rueda de nacimientos y muertes, seguirá girando hasta que se trasciendan los tres *gunas*.

Por lo general, cuando hablamos de actividad en el *yoga* nos referimos a la *guna raja*, pero los tres *gunas* se pueden manifestar en cualquier actividad. Swami Sivananda dice en el capítulo sobre los *gunas* de su comentario sobre la *Bhagavad Gita*, el capítulo 14, que esa inquietud puede conducir a una acción que después lamentaremos. La acción se ha completado para satisfacer el deseo propio en vez de para hacer lo más conveniente. El motivo detrás de una acción es lo que marca la diferencia es siempre acción es siempre lo que marca la diferencia. Es muy importante reflexionar sobre ella y analizar si este motivo es *sáttvico, rajásico* o *tamásico*. Tal vez creamos que estamos actuando desinteresadamente cuando en realidad buscamos satisfacer la necesidad de fama y de reconocimiento. La paz *sáttvica* viene de la acción, pero solo de aquella acción libre de egoísmo. De lo contrario, nos agitamos y nos volvemos adictos al trabajo. Trabajas tanto que acabas agotado, te quemas y te conviertes en el rey del sofá y no tienes ganas de hacer nada. En este punto, la tendencia suele volver a cambiar hacia la agitación y el ciclo se repite. Es como un péndulo que se mueve entre *rajas* y *tamas*.

A menudo detectamos un comportamiento diferente según los diferentes aspectos de la vida. Por ejemplo, una persona que es activa y muy reconocida en su trabajo, con una capacidad excelente de concentración, podría ser vaga y letárgica en la vida privada. *Tamas* y *rajas* viven muy cerca el uno del otro. Una persona inteligente, exitosa y elegante del mundo de los negocios se convierte a menudo en alguien vago y perezoso que vegeta en un pantano cuando llega el fin de semana. La verdadera pureza, un *sattva* puro, presupone que esta diferencia no existe.

Sin embargo, la coexistencia entre *rajas* y *sattva* es el resultado de un entrenamiento intenso que hace posible pensar en *sattva* y ser activo a la vez. Podría ser un reflejo perfecto de la evolución personal.

La actividad *sáttvica* es el resultado de una reflexión en calma, concentrándonos en lo que hace falta hacer y los pasos que han de tomarse para servirnos a nosotros mismos y a la humanidad. Visto desde fuera no se ve como acción; pero, a decir verdad, es la mejor actividad que podemos realizar. Detenernos por un instante y observar nuestro interior antes y después de la actividad calma la mente y la actividad se vuelve *sáttvica*.

GUNAS Y AVIDYA

Las *gunas* se consideran *avidya*, ignorancia, una superposición sobre *vidya*, conocimiento. Es esencial conocer los *gunas* y sus funciones para liberarnos de las garras de la ignorancia. Tenemos que mantenernos alejados de la superposición de los *gunas* sobre *atman*. Nadie puede escapar de los efectos de los *gunas*, pero es importante analizar el fenómeno. Es esencial entender sus características, desempeñar el papel de observador y, en lugar de identificarnos con las *gunas*, convertirnos en *gunatita*, es decir, alguien que se ha desvinculado de las *gunas*; pero solo será posible si entendemos cómo funcionan.

El quinto verso del capítulo 14 del *Bhagavad Gita* dice: La pureza, la pasión y la inercia son las cualidades de la naturaleza. ¡Oh, Arjuna! Estas atan al alma cuando el cuerpo la encarna. Quien se identifica con estas cualidades de la naturaleza está conectado a las diferentes capas, los *upadhis*, y por lo tanto no puede ver en su interior el alma, lo indestructible. Nos identificamos con las tendencias genéticas, que son una expresión de *prarabdha karma*. El *yoga* nos enseña a desprendernos de esa identificación con los instrumentos: el cuerpo y la mente. Las tendencias personales son una expresión de los *gunas* y el *yoga* nos enseña a verlas, analizarlas, no identificarnos con ellas y, por último, superarlas y desarrollar nuestro verdadero ser.

GUNAS Y FE

Según la *Bhagavad Gita*, cuando *tamas* predomina la fe se extingue. La mente está demasiado aletargada como para razonar, todo se ve desde una perspectiva negativa y la persona no cree en nada. Lo nuevo se descarta por ser malo, negativo e inútil. El adormilamiento es tal que la mente no puede reflexionar en profundidad ni formar una opinión. La persona deja de creer en sí misma y en sus habilidades. No se siente capaz de conseguir un puesto de trabajo determinado y, por lo tanto, ni siquiera lo intenta. Estas son algunas señales claras de que *tamas* predomina.

De acuerdo con la *Bhagavad Gita*, en el estado *rajásico* la fe sirve de apoyo a la actividad. La práctica o actividad espiritual se lleva a cabo con el fin de obtener algo: bienes materiales o beneficios, como la fama o el reconocimiento.

Si la fe es *sáttvica*, según la *Bhagavad Gita* la persona se esfuerza por lograr la liberación. Existe la creencia prevalente en el bien; y, aunque cometa errores, se ve lo bueno, lo positivo y lo instructivo en ellos. Esta es la razón por la que las personas de éxito pueden sentir solidaridad por los errores de los demás, un sentimiento que nace de un interior *sáttvico*. Conocen las limitaciones comunes a todos. Las personas que actúan en *sattva* se vuelven más fuertes y se llenan de conocimiento.

GUNAS EN EL MOMENTO DE LA MUERTE

El capítulo catorce de la *Bhagavad Gita* habla de las *gunas* en el momento de la defunción, cuando el cuerpo físico muere. Explica que la *guna* predominante en ese momento determina la situación de la próxima encarnación. Por este motivo, todos los rituales culturales que acompañan a la muerte se crean para calmar la mente y conducirla hacia *sattva*. Si tienes la maravillosa oportunidad de acompañar a alguien en ese momento, puedes ayudar a la persona de una forma u otra dependiendo de la religión o la cultura a la que pertenezca la persona moribunda. La tendencia habitual de dejar la muerte a un lado y no lidiar con ella es *rajásica*. La muerte es un cambio de estado. En el *yoga* sabemos que es el momento en que la materia vuelve a los elementos. El alma, consagrada en el cuerpo sutil, no deja de existir.

GUNAS – VASANAS

Ciertas prácticas como *tapas* o el ascetismo (por ejemplo, los ayunos), *japa*, *dhyana* (meditación) o las peregrinaciones debilitan los obstáculos que la mente proyecta incesantemente en el camino espiritual. Estos obstáculos se llaman *vasanas* o impresiones profundas de la mente. Son tan profundas que se repiten una y otra vez. Son los pensamientos negativos los que suelen ir acompañados de estilos de vida negativos que no solo provienen de esta vida, sino que pueden tener como origen acciones de otras vidas y permanecer ocultos en la mente. Los *vasanas* son difícile s de superar y modificar. La ciencia se refiere a ellos como los genes y todavía está muy lejos de comprender lo que son en realidad. Por el contrario, la ciencia del *yoga* conoce bien los *vasanas* gracias a la sabiduría de los *Vedas* y de las enseñanzas de los *yoguis* autorrealizados. En el *yoga*, los genes son *vasanas*: impresiones heredadas de los padres y antepasados que influyen a las personas sumándose a los alimentos, el entorno, el clima, etc. Los *yoguis* tratan de modificar estos *vasanas* mediante la práctica de *japa*, repetición del *mantra* y con la meditación. La ciencia ha demostrado que la repetición de *mantras* puede transformar los genes. Por ejemplo, sabemos que altera rasgos propios de un mal carácter como podrían ser la ira, la codicia, el odio y los celos. Estos rasgos están contenidos en los genes y se heredan de los padres.

Existe la posibilidad de escapar de esta rueda de muerte y renacimiento (*samsara*). El *yoga* muestra el camino cuando la persona manifiesta la voluntad de mejorar de alguna manera, como podría ser a través de una vida ascética.

KLESHAS – AFLICCIONES

Según los *sutras* del *raja yoga*, de *Patanjali Maharishi*, los *kleshas* son los principales obstáculos que debemos superar para vivir en paz y crear un sistema práctico de control mental que conduzca a la concentración y a la meditación.

En India, el *yoga* se contempla ante todo como el *yoga* de *Patanjali*. Incluye el *hatha yoga*, por supuesto, pero se centra más en la meditación y en un estilo de vida basado en el control de todo el sistema (cuerpo, mente e intelecto) que te conduce a la meditación. En India, el *yoga* se ve menos como una filosofía y más como una forma práctica de purificar el cuerpo físico y el cuerpo mental con el fin de controlar los sentidos, lograr la paz mental y, por último, encontrar la unión con el Ser.

Patanjali explica cómo controlar la mente hasta liberarnos de todo sufrimiento. Todos tenemos que abandonar el cuerpo físico tarde o temprano; pero la cuestión es: ¿me voy con paz mental o con unas caderas flexibles? También nos habla del sinfín de obstáculos que nos encontramos. ¿Por qué cuesta tanto concentrarse? ¿Por qué siempre caigo en mis viejos hábitos? Los obstáculos que encontramos en el camino de la evolución son abundantes, y los *sutras* del *raja yoga* nos sugieren diferentes formas de superarlos. De hecho, podríamos resumirlos en los cinco *kleshas*, que son la raíz de todos los problemas que encontramos:

1) **Avidya**: la ignorancia, desconocer la diferencia entre lo real y lo irreal.

2) **Asmita**: la predominancia del ego, preocuparse ante todo por las cuestiones relacionadas con el cuerpo físico. Todo el sistema económico actual gira en torno a este tipo de egoísmo: qué comer, cómo vestirse, adónde ir de vacaciones y, en general, qué hacer por uno mismo. La economía alimenta el ego, alimenta el concepto del

yo y de los mío. *Asmita* causa dolor y tristeza porque nos separa de todos y de todo.

3) **Raga**: los gustos, la atracción. Se refiere a todas las circunstancias que anhelamos y aquello que nos atrae. Todo lo que nos atrae es *klesha*. Lo más habitual es que no nos satisfaga completamente, pero distraerá la mente de forma temporal.

4) **Dvesha**: lo que no nos gusta, las aversiones. Ocupa la mente tanto como aquello que nos atrae. *Raga* y *dvesha* se acompañan mutuamente. Basta con observar la mente un rato para entender que siempre está pendiente de lo que le gusta y de lo que no le gusta, además de que abundan en ella los pensamientos del ego. Sin ir más lejos, imagínate que estás en un paseo en silencio. La mente no hace más que saltar de una cosa a otra: ¿Cuánto va a durar el paseo? ¿Por qué he venido? Qué frío hace. ¿Por qué no nos han avisado de que haría frío? ¿Por qué...?

5) **Abhinivesha**: el miedo a la muerte. Tenemos miedo de que la vida llegue a su fin.

Los *kleshas*, las aflicciones, nos dicen que estamos abatidos, o heridos, o lesionados, o en una mala situación. Insatisfechos, en general. Tenemos la esperanza de mejorar, de que el futuro sea más próspero. O puede que nos lamentemos por el pasado, que sintamos que este fue mejor que el presente. En cualquier caso, rara vez estamos en el aquí y ahora. Si aceptáramos este momento viviríamos en *santosha*, satisfechos.

Conocer los *kleshas* y tratar de superarlos es una forma muy util de aumentar nuestro grado de plenitud en la vida, de sentir un mayor equilibrio mental y de ser capaces de evitar el dolor, el mal estado, la angustia y el tormento.

EXPANDIR LA MENTE

Todos los maestros de *yoga* están de acuerdo en que la mente tiene un poder ilimitado y en que podemos experimentarlo cuando empezamos a practicar *yoga*. Sin embargo, primero tenemos que abrirnos a esa posibilidad. La limitación no está en la mente, sino en la persona que lleva la mente. Nos ponemos nuestras propias restricciones y, por desgracia, lleva tiempo ver que la mente es ilimitada.

En primer lugar, tenemos que darnos cuenta de que la mente no está hecha de materia bruta, sino que es increíblemente sutil, no es visible y tiene diferentes niveles de vibración. Al igual que el sonido, nuestros pensamientos también vibran a diferentes niveles. Todo lo que pensamos tiene un nivel vibratorio. En la mente entrenada, ese nivel vibratorio está muy bien definido. En la mente no desarrollada está turbio, sin centrar. El objetivo es centrarnos. Si el entrenamiento mental se inicia en una edad temprana el niño se acostumbra y tiene menos dificultades para concentrarse cuando crece.

La teoría de los tres cuerpos explica que tenemos varias capas superpuestas sobre el cuerpo con diferentes significados y funciones. Estas capas, invisibles a simple vista, serán más sutiles cuanto más hacia fuera estén. La capa mental está por encima del cuerpo físico. Si al cuerpo mental se le diera la oportunidad de expandirse lo haría. Un buen ejemplo es el de las personas que dicen haber sentido a alguien a sus espaldas. Otro caso sería el de los ciegos, quienes reconocen el nivel de energía aunque no vean con los ojos físicos.

La mente puede desarrollarse y expandirse a través de la práctica de *asanas*, *pranayama* y meditación. Estas prácticas nos vuelven más sensibles a los niveles vibratorios, lo cual significa que el cuerpo sutil, al cual también llamamos el cuerpo astral, se está expandiendo.

Este fenómeno se explica a través del *prana*, la energía vital. Sin *prana* no podemos existir, ni tampoco levantar siquiera un brazo. Sin *prana* no podamos oír, ver, ni digerir. Cuando estamos muy cansados, las funciones vitales se ralentizan. En ocasiones no podemos ver tan bien, o no podemos digerir los alimentos; y a veces estamos incluso demasiado cansados como para dormir, es decir, para conciliar el sueño. Necesitamos *prana* para digerir, hablar, reír, toser, estornudar, tragar. Las personas que están muy enfermas, con un nivel de *prana* muy bajo, tienen dificultades con estas funciones.

El *prana* se encuentra en la capa astral o pránica, que es también donde se encuentra la mente. Si los pensamientos están en un nivel alto y positivo, tenemos más *prana*. Se necesita más energía para ser negativo que para ser positivo. Si nos molestamos, nos enfadamos, nos deprimimos o tenemos pensamientos negativos con frecuencia, generamos más cansancio y enfermamos a largo plazo. El objetivo del *yoga* es mantener el *prana* que recibimos al nacer. Aunque claro, debemos tener en cuenta ciertas diferencias entre la edad física y la edad mental. El cuerpo puede envejecer, pero podemos conservar nuestra juventud mental si practicamos el control de la mente y usamos su poder ilimitado. El mejor efecto secundario del *yoga* es que la mente puede permanecer en buen estado hasta que tengamos que desprendernos del cuerpo. El cuerpo tiene sus propias limitaciones y enfermará, envejecerá y, por último, morirá. Pero una mente fuerte puede aliviar el sufrimiento de una enfermedad e incluso la propia muerte. La mente puede expandirse.

Ya hemos mencionado la práctica de *asanas* y de *pranayama*, pero los recursos no acaban ahí. El pensamiento positivo es de suma importancia. Las oraciones, por ejemplo, son pensamientos muy positivos, comunes a todas las tradiciones. También podemos ayudar a quienes lo necesiten enviándoles *prana*.

No es nuestro *prana*. El *prana* está en todas partes: en el sol, en el viento, en el agua, en los alimentos... También está muy presente en las palabras y en una mirada. Encontramos expresiones y transferencia de *prana* de un cuerpo a otro en un abrazo o en un beso y, de manera más sustancial, en las relaciones sexuales. Es mucho más eficiente cuando se transfiere con una mirada, e incluso más fuerte todavía cuando el intercambio de *prana* es puro y cristalino, a través del ser. El *prana* más elevado se intercambia en la meditación, en la meditación en grupo y en el canto. Si permitimos que haya un flujo constante, nos sentiremos elevados.

La expansión de la mente a través de una acumulación vigorosa de *prana* hace que la gente se sienta atraída. Eso es lo que sucede a los *yoguis*: su mente se ha expandido y la gente se reúne a su alrededor sin que el *yogui* haga nada en especial.

Para conseguir el autocontrol tenemos que trabajar con este *prana*, hacerlo más fuerte para que sea capaz de expandir la mente. No es necesario cambiar nada del exterior. Más bien, debemos intentar convertirnos en nuestros propios maestros a través de la austeridad, *tapas*, con cosas pequeñas y diciéndole a la mente: Yo soy el maestro, ¡no tú! La menté quiere algo nuevo todos los días y a veces tenemos que decirle que no a lo que se le antoja: azúcar, café, té, leer la prensa, ver la TV, beber alcohol... La mente no se alegrará y tendremos que vivir con esa mente insatisfecha. Por desgracia, muchas veces cedemos para hacer feliz a la mente, pero no cabe duda de que cada vez pedirá más. Sin embargo, lo que la mente quiere de verdad es autodisciplina.

Si pudiéramos comer lo que nos apetece, dormir todo lo que queremos, no tener responsabilidades y no trabajar durante una temporada, es probable que sintiéramos cierta libertad. Pero pasado un tiempo, primero nos aburriríamos, luego nos agitaríamos, después nos pondríamos tristes y por último nos deprimiríamos. Con autodisciplina, la mente se desarrolla de una manera deslumbrante. El *yoga* nos muestra el camino.

Todos los problemas nacen a causa de una mente incontrolada y no resulta nada fácil ponerla bajo control. Empezamos con las posturas, los *asanas*, que son en realidad un ejercicio de concentración: entramos en la postura de manera controlada, nos concentramos mientras la aguantamos (mantenerla sin movernos no es fácil) y salimos de la postura vigilando el movimiento. Al mantener el *asana*, retenemos el *prana*. De esta forma puede ser absorbido por el órgano interior al que va orientado el *asana*. Después de una sesión de *asanas* nos sentimos rejuvenecidos debido a esa firmeza. La mente se beneficia porque se estabiliza sin permitir que mueva ningún miembro (es la mente la que quiere moverse, no el cuerpo). Hemos controlado el *prana* y lo hemos dirigido correctamente. La mente se ha dado cuenta de que no es limitada, de que puede abrirse y expandirse.

DEVOCIÓN

BHAKTI

Se dice que el *bhakti yoga* es el más sencillo de todos los caminos del *yoga*. Cultiva la devoción y el sentimiento de amor hacia todos los seres y nos permite ver a Dios en todo y en todos con el fin de expandir la conciencia y, por último, llegar a la liberación de *samsara*, la rueda de nacimientos y muertes.

Todas las escrituras clásicas de *yoga*, así como los autores contemporáneos y los comentaristas, declaran unánimemente que *bhakti* está abierto a todo el mundo, sea cual sea su religión, nacionalidad, clase social o nivel de educación. Sin embargo, a menudo nuestro intelecto se niega a encontrar atractivo el altar bien decorado de la sala de meditación, la iglesia o el templo y es reacio al canto devocional del nombre de Dios. También se presentan las mismas dificultades cuando nos invitan a participar en rituales con los que no estamos familiarizados y tenemos que postrarnos y ofrecer flores a estatuas. El camino del *raja yoga* es sistemático y nos resulta más fácil de comprender de forma lógica, además de ser mucho más cercano a la mente occidental. El *bhakti yoga* emplea rituales, ceremonias, *kirtan*, historias sobre Dios, etc., lo cual puede resultarnos más extraño. En realidad se trata de técnicas, similares a las de la tradición cristiana, que tienen la misma finalidad que todas las demás de *yoga*. Por medio de la concentración en lo Divino. El devoto alcanza una relación más estrecha con Dios y una percepción directa de lo ideal mediante la fe, la esperanza, la devoción o la oración. El objetivo es lograr la unidad al rendir el ego y fundirlo con ese aspecto de la verdad más elevada próximo a la naturaleza de uno mismo. Ese aspecto puede ser un profeta, un santo o una de las tres energías que constituyen el universo: la creación, la preservación y la destrucción.

En otros caminos del *yoga* las emociones no son bienvenidas porque potencian el apego y la pasión. Sin embargo, en el *bhakti yoga* las emociones se transforman en amor divino, el cual no es ni egoísta ni causa apego. Las emociones se utilizan y se canalizan; no se reprimen, sino que se purifican. No están centradas en el ego, es un amor que no espera nada a cambio. No obstante, para que así sea, debemos purificar y perfeccionar la conciencia del ego. Es aquí donde entran en juego los otros caminos del *yoga* que contribuyen a que el ego se vuelva más sutil y puro y apuntan a la sublimación de las emociones. El *karma yoga* purifica a través del servicio desinteresado, el *raja yoga* ayuda a que comprendamos mejor los aspectos psicológicos de nuestra propia mente y el *jnana yoga* explica el objetivo final.

Las emociones que se han canalizado y se han convertido en devoción podrían manifestarse en forma de lágrimas espontáneas cuando entramos en una iglesia o en un templo, por ejemplo. Estas lágrimas surgen porque sentimos el amor de las manos que decoraron el altar, hicieron las esculturas, pintaron las imágenes y cuidaron de todo el entorno. El *bhakti* nace de anhelar lo Divino, la trascendencia y el amor desinteresado. Las lágrimas, aparentemente infundadas, son un signo de este anhelo. La devoción y el fervor podrían nacer del sufrimiento cuando vemos a Dios como el último refugio, de la curiosidad cuando el buscador intenta desvelar el simbolismo de ciertas palabras o de las acciones o de la expectativa de algún tipo de recompensa si contemplamos la oración como un medio para cumplir nuestros deseos.

Este giro hacia lo Divino encuentra su expresión en diferentes sentimientos o *bhavas* según la naturaleza y las tendencias del buscador:

• La paz prístina sin deseos ni emociones

• La sensación de ser un siervo de Dios

• La relación de amistad con Dios

• La entrega amorosa a Dios, comparable con el sentimiento hacia un hijo

• El sentimiento de ser amado por Dios

La fe es un aspecto esencial de *bhakti*. No se trata de la fe ciega, sino de la fe en alguien o en algo que en el pasado ha demostrado ser fiable. Si el maestro nos explicó en alguna ocasión que la práctica de *yoga* podía aliviar el dolor de espalda y fue así, estaremos dispuestos a volver a confiar en él en otras cuestiones. Todo el mundo ha tenido experiencias y todo el mundo tiene intuición. Estos dos factores pueden convertir la fe en una realidad. Al principio necesitamos confianza y paciencia para permitir que suceda esa confirmación de la fe. Este es el motivo por el que la práctica es tan importante. Leer las escrituras, escuchar conferencias y estudiar filosofía no es suficiente, ya que siempre nos quedará un vestigio de duda: ¿Es verdad lo que he leído o escuchado?. No obstante, si el estudio teórico va acompañado de la práctica comenzamos a comprender. La fe se convierte en experiencia.

Parabhakti es la espiritualidad universal, la forma más elevada de *bhakti*. Es totalmente desinteresada y se distingue por el deseo único de servir a Dios. Esta es la única manera de que desaparezca el ego.

La verdadera religión no consiste, finalmente, en rituales, tradiciones, peregrinaciones ni cosas por el estilo, sino en el amor hacia todos y hacia todo. Si hay amor puro, el odio, los celos y el egoísmo se desvanecen. No hay mayor religión que el amor. El amor es la verdad. El amor es Dios.

PRÁCTICA DEVOCIONAL

La práctica de *bhakti yoga* tiene dos variantes: la adoración formal y la práctica para contemplar lo Divino en cada momento, en todos sus nombres y formas. Estos dos métodos nos permiten purificar nuestro interior y recibir un flujo ininterrumpido de amor divino limando el ego como manifestación de la sensación de separación.

Las escrituras mencionan nueve formas específicas de culto:

1) **Escuchar historias**
Escuchar historias es fácil y agradable para la mente, pues se trata solo de escuchar y de abandonarse a las palabras. Gusta tanto a niños como a adultos, de la misma forma que a todos les suele gustar ir al cine o ver películas en la televisión. La práctica de *bhakti yoga* consiste en narrar historias de Dios, Krishna, Jesús o Buda, entre otros. Estas historias se encuentran en todas las culturas.

2) **Cantar**
El canto colectivo también se encuentra en todas las culturas. Además, la psicología moderna confirma que cantar junto con otras personas es antidepresivo. A las personas mayores, por ejemplo, puede venirles muy bien que les animemos a cantar. Cantar hace que el ego se

vuelva más transparente. Es una manera de acercarnos a nuestro centro, al amor que todo lo abarca. El *kirtan*, o cantar el nombre de Dios junto con otros devotos, crea una vibración espiritual muy poderosa, purifica el corazón, nos eleva y provoca una sensación de éxtasis. Por otra parte, el *kirtan* purifica el ambiente. Se dice que en kali yuga, o la edad oscura, el *kirtan* es la forma más fácil y directa de alcanzar la conciencia de Dios.

Swami Sivananda solía enseñar a través del *kirtan*. A menudo ponía la práctica de *kirtan* antes de las charlas e incorporaba la verdadera sabiduría *vedántica* en la melodía correspondiente. La corriente tan poderosa que se generaba llegaba directamente al corazón de los practicantes debido al ritmo y a la melodía de los auténticos ragas. Esto también se debe a que todo el mundo participaba de forma activa, al contrario de lo que sucede en un discurso, donde una persona habla y el resto escucha. El poder del *kirtan* reside en la fusión que se produce entre el maestro, el público y los practicantes.

El canto de *mantras* es eficaz porque los *mantras* están directamente relacionados con los diversos centros de energía o *chakras*. Según decía Swami Sivananda, en relación al *bhakti yoga*, la práctica de la repetición de *mantras* es la mejor forma de fortalecer la mente y mantener el equilibrio mental, sobre todo en los momentos de gran agitación. Sin embargo, para ser capaces de utilizar la herramienta en los momentos de necesidad es necesario practicar a diario. La práctica puede hacerse de forma mental, verbal, cantada o escrita. Puede llevarse a cabo en cualquier lugar y momento, incluso en medio de las tareas y desafíos cotidianos.

3) **Recordar el nombre de Dios**
Consiste en recordar que detrás de todo lo que vemos y percibimos hay un poder que mantiene todo unido No somos imprescindibles como individuos para que las cosas fluyan.

4) **Servir a los pies del Divino**
Esto significa servir a todos los seres humanos porque la esencia divina está presente en todos. Un buen ejemplo sería preparar la comida para otras personas con amor y atención, y no hacer los platos más simples lo más rápido posible. La comida sale deliciosa porque se ha puesto mucho esfuerzo, energía y amor en su preparación.

Debemos contemplar los pies de Dios en el mundo entero. Servir a otros significa servirlo a Él mentalmente. Otro ejemplo sería el de crear y mantener instituciones espirituales: templos, centros de *yoga*, monasterios, *ashrams*, iglesias, etc. Todos estos lugares viven gracias a esa alfombra que han donado, la imagen que han pintado, los esfuerzos de limpieza, las flores que han puesto o la comida que se ha preparado. De lo contrario, no serían más que negocios. El amor que se ha puesto en la creación y el mantenimiento del lugar marca la diferencia. Comprueba que puedes sentir esa energía.

5) Adorar a Dios mediante rituales
La *puja* del hinduismo, la Santa Misa de los católicos, la fracción del pan del pueblo judío. Todos estos rituales son una expresión de la verdad más elevada del *Vedanta*: todo es uno, todo está hecho de los mismos cinco elementos, todo regresa al ciclo alimentario y se reabsorbe.

El *arati*, un ritual en el que se mueve la luz con un acompañamiento de *mantras*, es un método probado para purificar las habitaciones y nuestro propio cuerpo astral. También para elevar el nivel vibratorio en general. El uso de símbolos nos sirve para desarrollar la devoción. Los altares, las estatuas, los cuadros y los objetos simbólicos son parte de todas las religiones. Se utilizan para recordar la omnipresencia de Dios y como centro de la adoración formal.

6) Postrarse
Al postrarnos expresamos que nosotros y nuestro ego no somos lo más elevado.

7) Servicio a Dios en todo y en todos.

8) Desarrollo de la sensación de amistad con Dios

9) La devoción amorosa absoluta

Los tres últimos puntos no son acciones. Consisten en desarrollar el sentimiento de que somos siervos o amigos de Dios.

Con el tiempo nos ayudan a deshacernos de los últimos ápices de ego para eliminar la dualidad que todavía permanece en nuestra persona.

CÓMO RELACIONARSE CON DIOS

Relacionarse con Dios no es fácil porque tú estás encarnado en este cuerpo físico y, de alguna manera, parece que Dios no está aquí. Dios es invisible, no encarnado y no físico, ¿cómo puedo conectar con Él? ¿Qué pasa si sustituimos la palabra Dios por otra palabra? Por ejemplo, la fuente, porque siempre existe ese anhelo del lugar de donde venimos, al que pertenecemos. Si tratamos de profundizar en ello, más allá de padres, abuelos y otros antepasados, nos preguntamos: ¿Quién me creó realmente? Y si el cuerpo fue creado, ¿para qué fue creado? Y las grandes preguntas siempre suelen ser: ¿Cuál es el propósito?

Lo más probable es que dejemos la pregunta a un lado. Puede que ni siquiera tengamos tiempo para planteárnosla. Decimos que nos encargaremos del asunto cuando nos jubilemos, que podemos evitar la pregunta durante toda la vida ocupándonos con las cosas de esta encarnación, alimentando el cuerpo, buscando ropa y refugio y sobreviviendo. Pero si creemos que la vida es solo supervivencia, estamos comprando todas las papeletas para la depresión. La vida tiene que tener algún propósito más allá de pagar el alquiler y tener la nevera llena. Tiene que tener un propósito diferente, un significado diferente. Cuando tenemos claro el propósito de la vida, encontramos la energía necesaria para actuar. Encontramos el dinero que nos hace falta y la mejor forma de organizarnos para vivir. Estamos centrados. Cuando vivimos sin tener claro el propósito se disipa la esperanza y surge una sensación de desesperación. Tenemos la opción de relacionarnos con esa fuente y ver a Dios como el creador. ¿Por qué me creó? ¿Cómo puedo relacionarme con él o con ella? Dios es una palabra neutra, Dios puede aparecer en cualquier forma. *Narada*, un gran sabio, dijo: El amor a Dios se llama «*bhakti*», la atracción extrema a aquello que no puede expresarse en palabras.» Por supuesto, un cristiano querrá ver a Dios como Jesús. En India, verán a Dios con la forma de Krishna o de la Madre Divina. Intentamos crear una relación muy personal con ese Dios, una relación desde el corazón. Pero existe un gran problema: como ser humano, yo estoy encarnado, pero Dios no lo está: es la fuente invisible. Los *yoguis* se preguntaron: ¿Es así realmente? ¿Existe la separación entre los dos: Dios en el más allá y yo aquí? Dado que la mente no tiene problemas con la distancia física, los *yoguis* llegaron a la conclusión de que en realidad, Dios está también aquí y ahora. La filosofía del *yoga* afirma que todo lo que vemos es una proyección de Dios, *maya*, término que a menudo confundimos como algo negativo, una ilusión.

No obstante, los *yoguis* comprendieron que el mundo manifestado como lo vemos ahora, *maya*, es la proyección. Dios está aquí en este momento proyectado en la creación, en *maya*, por lo que es más fácil de conocer. No está en ningún lugar lejano de la galaxia.

La siguiente cuestión que nos surge es: Yo sigo estando aquí solo, físico, encarnado. Una vez más, los *yoguis* comprendieron que esto no es toda la verdad porque no somos meramente un ser físico. Este mensaje se repite una y otra vez en la filosofía del *yoga*: somos un ser físico, por supuesto, pero no solo eso. Al igual que Dios, existimos simultáneamente en dos niveles: ahora, en el nivel encarnado, en un cuerpo físico y también en un nivel que no se encarna.

Los *yoguis* lo llaman el Ser, *atman*. Podríamos llamarlo conciencia. La relación con Dios puede nacer de la conciencia de que está presente en la creación, en todo, en todo nombre y en toda forma. Para poder hacer esto necesitamos *bhava*, devoción, una sensación que tiene que ser cultivada: ver a Dios en todas partes, dentro, fuera, sin ninguna sensación de separación.

KIRTAN

El canto es una parte de la práctica de *bhakti yoga*. *Bhakti yoga* es el término sánscrito que define una actitud devocional hacia un dios personal o universal, o a lo que Dios signifique para ti. Es un camino espiritual del *yoga* que fomenta la fe y la rendición y que ayuda a aumentar la devoción.

En su libro Sadhana, Swami Sivananda explica las cualidades de un *bhakta*, la persona de tipo devocional: es humilde como una brizna de hierba; no desea la alabanza ni el respeto a sí misma, sino que busca alabar y respetar a los demás. Por último, practica constantemente la repetición del nombre de Dios, o la meditación *japa*. La repetición de *mantras* se llama *japa*.

En la práctica de *kirtan*, cantamos el nombre de Dios con devoción, *bhava*. No con emoción, sino con amor devocional, al cual llamamos *prem*, así como con fe, *sraddha*. El término *kirtan* significa alabar. Practicar *kirtan* es una forma fácil de experimentar la libertad: libertad de nuestros pensamientos diarios. Nos rendimos por completo a lo que cantamos, incluso si al principio no entendemos el significado. Es una experiencia musical que nos ayuda a calmar la mente, nuestro objetivo. Si nos sentamos en silencio, solos en alguna parte, a menudo no tenemos demasiado éxito. Podemos llegar a dormirnos o construir castillos en el aire. Sin embargo, el método musical del *kirtan* es un medio perfecto que no supone esfuerzos para centrar la mente; y cuanto más fácil sea el canto, más podremos dejarnos llevar. La idea es dejarnos llevar hasta sumergirnos en la práctica del *kirtan*. El *kirtan* es una de las tradiciones musicales sagradas más antiguas que se conocen y se basa en una interacción de llamada y respuesta. Tiene su origen en India. Los cantos de *kirtan* se encuentran en su mayoría en sánscrito porque esta lengua clásica se relaciona con los puntos de energía interiores, los *chakras*. Por ello, el *kirtan* ayuda a que la mente se calme y a que, en última instancia, podamos disolver y abandonar los miedos, la ira, los celos y la negatividad en general.

Swami Sivananda afirma que el *kirtan* sana la mente y el corazón. Dado que disuelve la presión de las preocupaciones que podríamos tener en mente, conseguimos relajarnos y concentrarnos, el objetivo del *yoga*. Los *mantras* eliminan los obstáculos y nos devuelven al centro de nuestro ser. Este centro es en realidad el silencio, *shanti*, la nada, la felicidad sin lo exterior, sin ningún objeto.

La música suaviza los corazones, incluso aquellos de piedra. Ese es también el objetivo del *kirtan bhakti*. La experiencia del *kirtan* va más allá de la música. Haber estudiado música podría ayudarte, claro, pero no sirve de nada esconderse y decir cosas como: No me gusta la música, además de que no tengo nada de ritmo.

Swami Vishnudevananda, por ejemplo, no tenía mucho ritmo, pero le gustaba mucho tocar la tabla y nos encantaba cómo lo hacía porque tenía *prana*, fe, devoción y mucho amor. Debemos trascender el aspecto musical y practicar, aunque sea pidiendo ayuda a alguien. Poco a poco vamos abriendo el oído y desarrollamos la sinapsis cerebral, que además está conectada con la mente. Cuando el maestro Sivananda hablaba de ello en 1959, no mencionaba la sinapsis ni los neurotransmisores, etc., sino que decía que la mente abre nuevas vías a través del *kirtan*. Si bien también sucede a través de otras prácticas como la de *asanas* y *pranayama*, el *kirtan* es un instrumento muy simple para experimentar el resonar de las frecuencias en nuestro interior. Las frecuencias cambian de acuerdo con nuestros pensamientos. Estas frecuencias de pensamiento cambian la vibración, el aura, la luz y los colores que nos rodean. Así pues, el *kirtan* cambia las frecuencias. Nos eleva porque cuando nos entregamos a la práctica, la mente deja de pensar. Deja de pensar en la rabia, los celos, el miedo y el odio, y deja de preocuparse por el mañana. Los niveles de vibración empiezan a sincronizarse y experimentamos un *satsang* poderoso cuando cantamos juntos. Es importante no mover el cuerpo demasiado para permitir que el nivel vibratorio se desplace a través de los *nadis*, de los *chakras*. También, es conveniente concentrarse en *ajna chakra* o en *anahata chakra*. A partir de ahí, tiene lugar una expansión. Esta práctica nos permite experimentar felicidad, luz y ligereza. Cuando crecemos juntos la práctica se vuelve muy poderosa. Todo el mundo puede participar porque las letras son simples y repetitivas: *Siva, Siva, Siva, Sivaya Namah Om*; o *Subramanya, Subramanya*; o Jesús, Jesús, Jesús, María, María, María, *Om Om Om Om Om Om Om*. Dado que está en sánscrito, el *kirtan* aleja la mente de todo. Puede que no sepamos el significado de las letras, pero no tenemos que preocuparnos por ello. Los *mantras* y las melodías son un instrumento que nos conduce a un estado meditativo. Si nos dejamos llevar, podemos tener meditaciones más profundas en *kirtan* que en silencio, sobre todo al principio. Perdemos los miedos, tenemos experiencias, relajamos el cuerpo y la mente. No debemos menospreciar la práctica de *kirtan*. Es un método muy importante que nos lleva de vuelta a nuestro verdadero ser. El ser siempre está ahí, pero no le permitimos que se manifieste porque estamos ocupados con la mente. La mente oculta el Ser. Podemos redescubrirnos a través del *bhakti kirtan*. En la práctica más avanzada, la música se convierte en *nada yoga*, una forma de conseguir la autorrealización, *samadhi*.

LA DIOSA

Cuando veneramos el aspecto creativo del poder universal, de Dios, en la tradición india hablamos del aspecto femenino o de la Diosa. El simbolismo es que el aspecto creativo del universo se contempla desde el aspecto femenino porque la forma femenina es la portadora de vida.

Así que, ¿cómo es la Diosa? Es lo más hermoso, lo más divino y lo más puro. Si nos centramos en esta forma podemos sentir el verdadero poder creativo del universo. La forma de *Durga* purifica el universo y corta la cabeza de los demonios, los centros de las fuerzas negativas que, en cierto modo, hemos permitido se manifiesten en nuestro interior. Negativo significa desconectado. Hemos tolerado que esta falta de conexión tome más espacio, que se vuelva más fuerte. En algún momento, la madre *Durga* llega y dice: ¡Basta! Ya basta de tanta desconexión. Es por vuestro propio bien. Si permitimos que se vuelva más fuerte, os matará. *Durga* viene a matar a nuestros demonios. Tenemos miedo porque nos identificamos con esos demonios, pero ella no quiere matarnos a nosotros. Ella mata las creencias limitadas, el miedo, el odio, etc. Ella viene a liberarnos del apego a esos sentimientos.

Una vez hemos completado esta limpieza, *Lakshmi* puede tomar el relevo. *Lakshmi* es el canal para la positividad, la belleza, la generosidad, la compasión, el amor y la gloria, todas las cualidades positivas. Cuando invitamos a estas cualidades a nuestro interior en forma de la diosa *Lakshmi*, estamos rebosantes de belleza y gloria y preparados para el paso final: invocar la intuición, la capacidad de ser conciencia y un cuerpo encarnado al mismo tiempo. Sentimos la conexión y esta permanece.

Es la diosa *Saraswati*.

EL CAMINO INTERIOR

ACCEDER AL CAMINO DEL YOGA

Cuando comenzamos a practicar *yoga*, a menudo nos surge esta pregunta: ¿El *yoga* es adecuado para Occidente? La respuesta clara es que sí. El *yoga* está relacionado con los aspectos comunes a todos los seres humanos. Entre todas las prácticas del *yoga*, Swami Vishnudevananda optó por comenzar con los *asanas* y el *pranayama*, posturas y ejercicios de respiración. Los estiramientos, la respiración y la relajación mental ofrecen ya de por sí la sensación de paz interior. Los *asanas* y el *pranayama* deben practicarse bajo la tutela de un profesor con experiencia. Si practicas por tu cuenta, es difícil superar las resistencias de los pensamientos. Pensar es un hábito, de modo que nos surge un sinfín de pensamientos sin que seamos conscientes de ello.

Purificar la gran acumulación de pensamientos recurrentes podría llevarnos entre siete y ocho años, lo cual no es un período largo por mucho que lo parezca. Hay que tener cuidado con las falsas promesas de éxito rápido. Todos tenemos la misma conciencia de pensamiento colectivo y, por ello, solo hay una solución segura: la relajación, la concentración y el desarrollo de nuevos hábitos. Hemos acumulado pensamientos tanto en esta vida como en las anteriores. Estos pensamientos se manifiestan de forma más drástica en esta vida porque nuestra experiencia del tiempo es más intensa. Nuestros pensamientos giran cada vez más rápido en este momento de la historia. Si no aprendemos a lidiar con el propio tiempo de forma valiente y humilde generamos enfermedades. Los ordenadores, los teléfonos y los aviones han influido en gran medida en nuestra experiencia del tiempo. Hace unos años habríamos necesitado una semana para enviar una carta de América a Europa y otra semana más para recibir una respuesta. Hoy disponemos de correos electrónicos para proporcionar una respuesta inmediata. Estamos atrapados en una máquina del tiempo.

En esta situación el *yoga* se vuelve más importante, pues nos enseña a abstraernos de todo y a tumbarnos en el suelo para reflexionar hacia nuestro interior en un espacio libre de teléfonos y de ordenadores. Los retiros de *yoga* son perfectos con esta finalidad, pero deberíamos crear unas condiciones similares en nuestros hogares y empezar la práctica con mucha paciencia. Olvídate de pretextos como no soy flexible, me han operado varias veces y, además, mi médico me ha recomendado que no haga ningún tipo de ejercicio físico excepto fisioterapia. O ya practico danza clásica, aerobic y atletismo y el *yoga* es demasiado estático y aburrido. A decir verdad, el *yoga* es el único sistema que combina los ejercicios físicos y mentales de forma completa. No hay ningún otro sistema tan simple como los *asanas* de *yoga*. Todo lo que necesitas para empezar la práctica es una esterilla y un espacio atemporal libre de los dispositivos mencionados. Practica con calma, humildad y desapego sin perseguir un objetivo específico. No es fácil porque estamos acostumbrados a buscar resultados rápidos y grandes logros en las posturas. Acepta tu cuerpo tal y como está cada día y sumérgete en el *asana* lo mejor que puedas. Si lo haces, conseguirás la perfección del *asana*. Tenemos que aprender a relajarnos y a dejarnos llevar.

Los ejercicios estimulan los nervios astrales y los puntos de acupresión. Este efecto pueden experimentarlo todos sin importar el nivel de flexibilidad. La flexibilidad mejorará con la práctica.

DIETA

Loas *asanas*, el *pranayama* y la relajación adecuada conducen a un aumento de la conciencia corporal y a la contemplación interior, de modo que el sistema se vuelve incompatible con las comidas pesadas. Así pues, de forma muy natural se empiezan a buscar nuevos patrones alimenticios. Podríamos llegar a tardar dos o tres años en encontrar un término medio en la nutrición. Al principio, la práctica de *yoga* no requiere un cambio inmediato ni completo al vegetarianismo. Es mejor introducir los cambios poco a poco. De lo contrario podrían acabar tratándote como a un recluso social. Cada uno tiene que determinar poco a poco cuál es la dieta más adecuada sin llegar a los extremos. El objetivo de todo practicante de *yoga* es seguir una dieta vegetariana, una dieta que esté en perfecta armonía con el estilo de vida de los *asanas*, el *pranayama* y la contemplación. Swami Sivananda y Swami Vishnudevananda hacían referencia a menudo a la ciencia del *Ayurveda*, pero por supuesto también hay otros sistemas occidentales de vegetarianismo que nos purifican. Cuando se desprende un olor corporal fuerte durante la práctica de *asanas* o en la sauna es un claro indicativo de que hace falta practicar un ayuno, pero los ayunos prolongados solo deben llevarse a cabo bajo el asesoramiento y la orientación de un médico. Una solución segura es ayunar una vez a la semana con agua tibia o infusiones de hierbas, a ser posible en un día normal que no sea demasiado ajetreado.

Por las mañanas y las noches deberíamos utilizar el limpiador de lengua y la lota. El primero nos servirá para ayudar a expulsar las toxinas acumuladas y la flema de la lengua; mientras que la segunda limpiará las fosas nasales.

La práctica regular de *yoga*, los ayunos y los cambios en la dieta nos hacen más conscientes de las debilidades ocultas en nuestro cuerpo. Algunos ejemplos podrían ser el colesterol o una presión arterial alta, los malos hábitos alimenticios, el consumo de demasiada poca agua, la piel seca y otros aspectos que hasta ahora habían pasado desapercibidos.

DESPRENDIMIENTO INTERIOR Y MEDITACIÓN

Una práctica de *yoga* extendida en el tiempo nos permite experimentar un despertar espiritual. Alrededor del noventa por cien de todos los practicantes de *yoga* no lo hacen por razones espirituales. Debemos comprender que la espiritualidad del *yoga* no es india por naturaleza. Es una espiritualidad universal del ser humano, la realización de la verdad a través del equilibrio mental de la meditación. Es una experiencia directa que va más allá del intelecto.

Estos aspectos mentales del *yoga* son muy interesantes. Podrían pasar años antes de que sean integrados en la vida cotidiana porque, al principio, entrarían en conflicto con las visiones religiosas o filosóficas en las que nos han educado. Las técnicas del *yoga* tienen nombres orientales, pero no hay un objetivo oriental y otro occidental, sino que solo hay uno: la unión del cuerpo, la mente y el espíritu. Solo empezaremos a entender este objetivo a través de la práctica personal. El *yoga* acoge todas las religiones y, a su vez, ofrece muchas técnicas que permiten que tenga lugar la verdadera religión, que es la unión de cuerpo, mente y espíritu. La palabra *yoga* significa unión, unión de lo que creemos que somos con lo que realmente somos.

Nos embarcamos en un camino interior extenso con un sinfín de preguntas, dudas, un espíritu aventurero, inquietud interior, esperanzas y mucho más.

Durante los primeros dos años, la mayoría de personas no persiguen de forma activa ninguna de las prácticas mentales del *yoga*. Puede que escuchen muchas conferencias y que aprendan incontables ejercicios sin llegar a absorberlos, ya que no hay un interés real. La conciencia aún no está abierta a ello.

El tiempo despierta las preguntas interiores y nos prepara para algo nuevo. Empezamos a abrirnos al camino y nos sentimos preparados para escuchar el significado profundo del *yoga*.

LA PRÁCTICA DEL YOGA: EL PASO SIGUIENTE

Supongamos que hemos empezado con los *asanas* y el *pranayama*, que hemos aprendido a relajarnos profundamente y a no movernos en el *asana* y que ahora queremos continuar. Swami Vishnudevananda diría que el próximo paso en el camino del *yoga* es enfocar la mente. Después tendríamos que tomar conciencia de los diferentes niveles y capas dentro de nuestro sistema de cuerpo, mente y alma y aprender a elevarlos. Enfocar significa centrar. La mayor parte del tiempo estamos fuera de nosotros mismos: miramos a nuestro alrededor, queremos esto, aquello, nos dejamos llevar por las impresiones externas y nos agitamos. Nos comparamos, nos preguntamos cuál es nuestro aspecto, si somos lo suficientemente delgados, grandes, altos, ricos y guapos, nos preguntamos si vamos a la moda, si vamos a comer, lo que vamos a comer, lo que vamos a leer, qué vamos a hacer, cómo vamos a crearnos una imagen. Todo está fuera de nosotros. Por ello, el primer paso del *yoga*, y también el mayor reto para la mayoría de nosotros, los practicantes de *yoga*, es aprender a centrarnos. ¿Cómo podemos alcanzar nuestro ser interior? No basta con la fuerza de voluntad. La fuerza de voluntad es necesaria, pero tiene que ir acompañada de devoción. Devoción aquí se refiere a algo en lo que estamos interesados, algo a lo que queremos dedicar nuestro tiempo. El objetivo de centrarnos tiene que ser importante para nosotros. Tenemos que desear conseguirlo. Si solo disponemos de fuerza de voluntad, la práctica acabará por apagarse.

Al principio, todo es apasionante. Nos emocionamos al adquirir nuevos conocimientos, pero una vez que disponemos de la teoría, a menudo se disipa la ilusión. La fuerza de voluntad también disminuye.

Puede que nos volvamos demasiado estrictos, puede que nos sintamos atrapados por las normas y nos volvamos críticos, rectos y muy rígidos.

Uno de los siguientes pasos del *yoga* es darnos cuenta de que solo con la fuerza de voluntad no vamos a ninguna parte. Tenemos que renovar el conocimiento y la práctica. Tenemos que observarnos: ¿Por qué estoy haciendo esto? ¿Esta rutina sigue siendo adecuada para mí o tengo que adaptarla a las circunstancias individuales? Una vez se hayan producido los ajustes necesarios, podemos seguir con la práctica dedicándole nuestro tiempo y nuestro interés. La fuerza de voluntad, la perseverancia y el interés son muy importantes, pero sin la humildad el desarrollo interior no puede continuar. La verdadera humildad nace de la devoción y del conocimiento. La humildad surge cuando entendemos de verdad que nuestra propia existencia no es lo más importante y que estamos interconectados con todas las demás existencias del universo.

ABHYASA

El término *abhyasa* se entiende, por lo general, como el esfuerzo constante por recordar el verdadero objetivo de la vida. *Abhyasa* es una técnica mental que debe aplicarse en la vida cotidiana. Hay tres términos que son fundamentales en este sentido: *satya*, *ahimsa* y *saucha*. *Satya* significa honradez; *ahimsa*, no violencia; y *saucha*, pureza. Estos aspectos también se tratan en otras religiones. Swami Sivananda considera que son las prácticas interiores más importantes de *abhyasa* y que deben seguirse y respetarse. Según él, la honradez (*satya*) preserva la armonía, por lo que debemos ir con cuidado para no violar el principio de *ahimsa* siendo demasiado estrictos con *satya*. Es mejor no decir nada que hacer daño a otra persona a través de la honestidad. Esto era de gran importancia para Swami Vishnudevananda, quien a menudo nos insistía: Cuidado con la honestidad.

No deberíamos herir a nadie pronunciando palabras que, como tales, son ciertas. Otro problema sería cuando se utilizan palabras verdaderas para manipular. Por ejemplo, cuando halagamos a alguien por su aspecto con la esperanza de conseguir algo a cambio. *Patanjali Maharishi* dice en los *sutras* del *raja yoga* que una persona cien por cien honrada tiene un enorme poder porque todo lo que pronuncia es o se convertirá en verdad. La persona no debe utilizar este poder para su propio beneficio.

En la India sigue habiendo todavía muchas personas que visitan a santos y les preguntan qué será de ellos. Quien ha hecho una pregunta en la creencia de que la respuesta viene de un santo verdadero y recibe la respuesta de que todo irá bien, estará convencido de que todo irá bien. No cabrá ninguna duda porque la persona lo cree con todas sus fuerzas o porque los pensamientos de los santos son la causa. Seguramente sea por las dos cosas. Las palabras de una persona sincera de corazón tienen un poder increíble. Si un practicante de *yoga* te dice que pruebes la práctica porque te ayudará y porque es muy útil para la vida diaria, y sabes que esa persona es sincera y honrada tanto en palabra como en pensamiento, te lo creerás. El ego hace que esta práctica de la honradez no sea tan sencilla. La timidez, por ejemplo, es una expresión de *asat*, la ausencia de honradez. Un verdadero maestro como Swami Vishnudevananda pone a sus discípulos en la primera fila para que la timidez, que es una expresión del ego, se vaya desvaneciendo poco a poco. Podemos pensar: No quiero cometer errores, ¡quiero ser el mejor! Estar en primera fila podría implicar tener que hablar en el escenario o tener que cantar. Según el Maestro Sivananda, una persona tímida no puede alcanzar el éxito. Una persona que siempre se esconde, se adapta y quiere vivir la vida con la mínima resistencia posible y no desarrollará *satya*, la honradez.

Las palabras de una persona que vive en la verdad son, según *Patanjali*, un reflejo de *atman*, del Ser, del espíritu, de *Sat* en sánscrito. *Sat* es el Ser, el *atman*. *Satya* es la verdad al descubierto, manifiesta, que proviene directamente de *Sat* o de *atman*. Los *Upanishads* identifican la realidad como algo que es inmutable. Lo finito, denominado *asat*, es aquello que cambia, lo contrario de lo verdadero o real.

Cuando *satya* y *ahimsa* se fusionan, en algún momento nacerá *saucha*, la pureza, como producto final. Saucha es la pureza de la energía que nace de *satya* y *ahimsa*. Una persona que practica *saucha* radiará pureza, la cual se verá reflejada en su entorno. En lugar de limpiar la casa o arreglar todo a fondo antes de que llegue una visita importante, se considera que *saucha* consiste en mantener todo bajo un criterio elevado de orden en todo momento. Aunque, por supuesto, *saucha* va más allá de la limpieza externa y del ayuno interno. Podríamos decir que se desarrolla con la expansión de la conciencia que nace de la honradez y la no violencia.

Los *Upanishads* afirman que la luz, *jyothi*, es la verdad. Piensa en el *arati*, el ritual en que la luz, que surge de la realidad, se ofrece con el acompañamiento de los *mantras*. Nos ayuda a recordar que esta luz, esta verdad, está en nuestro interior. Por ello, el ritual del *arati* se convierte en *abhyasa*, nos recuerda nuestro objetivo: Yo soy la luz, yo soy «*Sat*», esto es lo que soy. La luz entre luces, lo real entre lo real, el verdadero objetivo, *moksha*, la verdad.

Abhyasa significa sumergirse profundamente en la estructura de nuestro propio ser. Swami Vishnudevananda solía poner como ejemplo una tela muy tupida. Es complicado cambiar la tela, tiene muchos hilos muy finos y tendríamos que sustituir cada uno de ellos para hacer que la tela fuera diferente. Swamiji decía que nosotros somos como esa tela tupida. Para convertirnos en una tela diferente, un ser diferente, tenemos que cambiar muchos de los hilos. Hay mucho por hacer, y eso es *abhyasa*.

Según el *Vedanta*, nuestra verdadera naturaleza es *Sat-Chid-Ananda*, existencia absoluta, conocimiento absoluto y bienaventuranza absoluta. *Abhyasa* es el recuerdo constante de que somos más que el paquete físico y biológico con el que solemos identificarnos cuando nos miramos al espejo. Reflexionar sobre cómo los seres humanos cambiamos constantemente suele ayudarnos. Las fotos que nos hicimos hace treinta años muestran a una persona totalmente diferente. Si recordamos los pensamientos que teníamos en aquel momento y cómo nos sentíamos, nos damos cuenta de que el cambio no ha sido solo físico. Aunque las capas que cubren a Sat, el alma, cambian, Sat no cambia. Este es el aspecto más importante del *yoga*: que hay algo inmutable. *Abhyasa* es la práctica por la que recordamos esta idea constantemente, sin posibilidad de olvidarnos.

TAPAS, LA AUTODISCIPLINA

En el camino interior, el mayor obstáculo es la falta de disciplina. Una vez somos conscientes de ello, tratamos de desarrollar gradualmente la disciplina personal. Swami Sivananda da muchos ejemplos de cómo hacerlo de forma simple. Por ejemplo, a través de *mouna*, guardar silencio o disciplina de la palabra. Esto no significa que intentemos estar en silencio cuando estamos solos. *Mouna* tiene que practicarse en medio de un horario cargado y sin hacer un espectáculo de ello poniéndonos un cartelito en el pecho que ponga Estoy en «*mouna*». *Mouna* significa dejar que las cosas se desarrollen sin interferencia inmediata. Es una forma demostrada de desarrollar la verdadera autodisciplina.

Lo que normalmente llamamos autodisciplina se refiere a, por ejemplo, levantarnos temprano porque de lo contrario perderíamos nuestro puesto de trabajo, cuidar del coche para evitar que se estropee o comer de forma moderada para cuidar nuestra línea y así tener buen aspecto y encontrar pareja. También puede que estudiemos durante muchas horas para conseguir un título y avanzar a nivel profesional. Estas son disciplinas automotivadas y no cuentan para el crecimiento espiritual. Autodisciplina significa renunciar a algo interior, una verdadera renuncia, sin ningún resultado tangible excepto un nivel más elevado de control mental. Esta es una motivación completamente diferente a la que solemos entender como autodisciplina; y es mucho más difícil que el tipo de disciplina que nos lleva a resultados directos. Swami Sivananda sugiere técnicas muy sencillas: practicar *mouna* durante solo una hora, renunciar al azúcar durante un tiempo si estamos acostumbrados a tomarlo (sin sustituirlo por la miel ni por un edulcorante), renunciar a la televisión, la música y el periódico o, simplemente, no hacer ninguna llamada a cierta hora del día. Cualquiera de estos ejercicios podría constituir *tapas* o austeridad. Podemos sustituirlos por la práctica de *yoga* o meditación. Cuando intentamos controlar la mente, esta empieza a actuar en un sinfín de formas diferentes. Al principio parece una actitud inteligente, pero en realidad es instintiva. Cuando vemos a un animal que sabe encontrar comida y proteger su casa, consideramos que es muy inteligente, aunque estamos ignorando el hecho de que en realidad se trata de una cuestión instintiva, el mismo instinto que tenemos nosotros y que se manifiesta cuando queremos dominar nuestra mente conscientemente. Reconocer nuestros propios instintos es parte del autoconocimiento y nos permite canalizarlos sin necesidad de llegar al extremo de reprimirlos, manteniendo así la calma interior y evitando los estados convulsos y extremos. Cuando tocamos los extremos, creamos una convulsión interior y nos toca empezar de cero otra vez. Esto sucede fácilmente si no estamos bien informados e intentamos actuar demasiado rápido por falta de orientación.

Debemos ir con cuidado y actuar de forma gradual, con la práctica de *tapas* o autodisciplinas, según nuestra capacidad personal. Es como cuando queremos darnos un baño caliente: tenemos que probar el agua antes de meternos. No podemos zambullirnos en el agua para luego darnos cuenta de que estaba demasiado caliente. Después de probarla, podremos añadir más agua caliente o fría y luego meternos en la bañera. Esto se aplica a todos los ejercicios de renuncia. No renuncies a todo de una vez: por ejemplo, al alcohol, la carne y el pescado. Comer solo ensalada, practicar *asanas* de dos a tres horas al día, levantarte a las 5 am, meditar a las 6 am y luego ir al trabajo. Al poco tiempo tus compañeros te mirarán y te preguntarán: ¿Qué te pasa? Tienes los ojos cansados. Te veo pálido. Te huele el aliento. ¿Qué estás haciendo? Y tú responderás: Estoy practicando *yoga*. Tus compañeros se alejarán pensando: Mira, ahí va otro fanático. Seguro que se ha metido en alguna secta.

Una práctica equilibrada puede basarse en los famosos cinco puntos del *yoga* de Swami Vishnudevananda: ejercicio adecuado (*asanas*), respiración adecuada (*pranayama*), relajación adecuada (*savasana*), dieta adecuada (vegetariana), pensamiento positivo y meditación (*Vedanta* y *dhyana*).

Practica *asanas* y *pranayama*. Aprende a relajarte ante los acontecimientos estresantes a partir de un desapego apropiado. Ve ajustando la dieta con calma, sobre todo si acabas de empezar la práctica. La repetición de *mantras* te ayudará a desarrollar el pensamiento positivo, el cual a su vez te conducirá a la meditación. De este modo habrás generado *tapas*, autodisciplina. A partir de ahí eres tú quien decide cómo proseguir y avanzar en el camino interior.

ELEVAR EL NIVEL VIBRATORIO

El *yoga* es un desarrollo integral. Solo podemos cambiar con la práctica. Nuestra individualidad se ha formado a través del desarrollo del ego y de ver las diferencias: viejo/joven, hombre/mujer, la nacionalidad, etc. Esta identidad individual desaparece cuando aumenta el nivel vibratorio de todo nuestro ser. Hay varias maneras de aumentar el nivel vibratorio: primero, podemos elevar el aspecto físico mediante la práctica de *asanas* y *pranayama*. Esta doble práctica nos permite experimentar un cambio con facilidad porque estar al mando de nuestro instrumento físico nos hace encontrarnos mejor, más sanos, más vitales y más flexibles. Nos sentimos muy libres más felices. Para aumentar el nivel vibratorio de la capa física, tenemos que practicar *asanas* y *pranayama*, comer comida vegetariana adecuada y evitar sustancias como el alcohol, el tabaco, las drogas, el café, el té negro, el ajo, la cebolla, los champiñones y los huevos. Swami Vishnudevananda recomendaba alojarse en un *ashram* o en un centro de *yoga* durante un tiempo (un año, por ejemplo) para aprender y practicar este nuevo estilo de vida, aumentar así el nivel vibratorio y ser capaces de desenvolvernos en la vida cotidiana.

Es bastante fácil aumentar el bienestar físico y el nivel vital a través de los *asanas* y del *pranayama*. La mayoría de personas que han aprendido estas prácticas han sentido el cambio. Aumentar el nivel vibratorio de la capa mental es un paso muy grande. Aquí no podemos fingir no tener tiempo. Para los *asanas* y el *pranayama* basta con un poco de tiempo: media hora, cuarentaicinco minutos. Pero para aumentar el nivel mental no necesitamos tiempo adicional: el trabajo se lleva a cabo en paralelo.

Swami Vishnudevananda tenía la esperanza de que el mundo experimentara un cambio. Decía que si eleváramos el nivel vibratorio mental, donde se encuentran las emociones, y aquietáramos los niveles mentales más bajos como la pasión, la ira, la avaricia, el odio, los celos, la envidia y el miedo, habría paz en el mundo. El Maestro Sivananda lo incluyó en la que denominamos su oración universal, para que no lo olvidáramos. Trabajar estas características no es nada fácil. Tenemos que lidiar con el hábito de reaccionar ante las circunstancias y preguntarnos: ¿Voy a solucionar mis problemas mediante la ira, el miedo, los celos, etc.? ¿Cómo resolvían los problemas mis padres, familiares, amigos y profesores? ¿Los resolvían pacíficamente? ¿O les daban arrebatos de ira? ¿Escondían los problemas debajo de la alfombra? Podemos hablar con un psicólogo, podemos seguir las enseñanzas del *yoga*, cantar, utilizar un *mantra*, un *mala* y, lo que es más importante, vivir en un entorno favorecedor. Vivir en un entorno en que podamos relacionarnos con otros seres en el mismo camino de purificación abre, por decirlo de alguna manera, la tapa de la basura. Elevar el nivel vibratorio mental es bastante difícil, pero es necesario en el camino interior. Tenemos que volvernos conscientes de la basura mental que llevamos en la espalda, de la cual solo somos responsables nosotros, y aprender a lidiar con ella. Los cantos ayudan mucho en este contexto, además de que nos dan la libertad de elegir la canción inspiradora que prefiramos. Podemos utilizar cantos en sánscrito y, por supuesto, cantos de otras tradiciones. Los cantos, la repetición de *mantras*, las *pujas*, la Santa Misa, todas las ceremonias religiosas y la lectura de libros espirituales tienen el objetivo de elevar el nivel mental. Por la mañana podemos leer un verso, memorizarlo y centrarnos en él durante el resto del día.

Del nivel mental pasamos al intelectual. No tenemos por qué haber purificado el nivel mental por completo antes de pasar al nivel intelectual.

Sin embargo, debemos observarlo de cerca y amarrar bien las riendas. El nivel mental no debe desatenderse. De lo contrario, si se desarrolla demasiado el nivel intelectual y no lo suficiente el mental, el ego crece y nos volvemos egoístas y cerebritos que creen que los demás son estúpidos e incultos. En este punto también nos ayuda el *karma yoga*, en cuya práctica nos enfrentamos a situaciones en las que no somos grandes expertos y en las que seguramente cometamos errores. Después, cuando observamos las limitaciones de otras personas, tendremos compasión y no juzgaremos de forma tan alegre. Ahora sabemos por lo que están pasando. Aquellos a los que llamamos sabios son personas que han reflexionado sobre sus vidas y que aceptan los errores. Son humildes, pacientes, tienen principios pero no son rígidos. Son puros mentalmente y usan el intelecto para preguntarse: ¿Quién soy? ¿Soy el cuerpo? ¿Soy la mente? ¿Soy las emociones? La respuesta es: *Neti, neti*. No soy esto, no soy eso.

En ocasiones preferimos empezar con algo de filosofía antes de comenzar con la práctica. Es posible pero los resultados son menores. El estudio ha de llevarse a cabo en paralelo con la purificación de las capas física, mental e intelectual.

En último lugar abordamos la capa de la dicha, *ananda*, la cual usamos solo un poco en el sueño profundo, cuando nos sumergimos en ese nivel vibratorio, nos relajamos por completo y nos identificamos con nuestro propio ser. La sensación de paz que sentimos con los actos desinteresados, al compartir o al llevar a cabo obras de caridad se debe a que estamos activando esta capa. El verdadero *karma yoga* nace del amor y la devoción, de dar algo nuestro. Los sociólogos que estudian la felicidad han descubierto que esta dura más tiempo cuando hemos dado algo, sin importar si la persona es muy rica, rica, medianamente rica o pobre. Puede tratarse de dinero, de tiempo o de bienes. A menudo caemos en la trampa de intentar comprar la felicidad a partir de objetos materiales. El *yoga* dice que la felicidad, la felicidad duradera, puede lograrse. La felicidad puede sentirse en el nivel de la dicha, en el nivel de *ananda*, cuando compartimos nuestro tiempo, objetos y amor con otras personas. Es bueno para la sociedad y también es bueno para la capa de la dicha, la cual es la más difícil de elevar porque está en un nivel muy profundo, muy cerca del alma. El amor incondicional activa y aumenta este nivel vibratorio específico.

DE LA ACCIÓN A LA MEDITACIÓN

Se pueden decir muchas cosas y con conceptos muy elevados cuando hablamos de la meditación. Swami Sivananda y nuestro Maestro directo, Swami Vishnudevananda, eran muy pragmáticos. Siempre daban un punto de vista práctico. Por ejemplo, decían que el *karma yoga* es la piedra angular de *dhyana* o la meditación, tal y como se explica en todos los *Upanishads*.

Para poder practicar la meditación durante mucho tiempo y mantener la mente firme en la meditación, todas nuestras acciones tienen que establecerse en el *yoga*. Es un error pensar que basta con disponer de un lugar tranquilo, hacer unos cuantos *asanas* y luego sentarnos y meditar. La mente no quiere cooperar. La mente tiene que estar muy preparada para una concentración profunda. Puede que cuentes con un punto focal, buena voluntad y un espacio apropiado y que la mente siga sin obedecer. Tenemos que entrenarla para que obedezca a partir de hacer cosas que seguramente no le guste hacer. Es aquí donde entra en juego el *karma yoga*, el servicio desinteresado, donde podrían solicitarte que ayudes con tareas necesarias en un momento concreto y que tal vez no se te den demasiado bien. En ese momento solo cabe la rendición: Sí, voy a servir ahora, voy a hacer lo que Dios quiera que haga. No es fácil, pero es el trampolín hacia la concentración. El ego empieza a pulirse, empiezan a mitigarse los me gusta y no me gusta y, al final, cambia toda la actitud hacia la vida. La acción desinteresada purifica la mente porque no puedes pensar en yo y mío, que es lo que tenemos en nuestros pensamientos la mayor parte del tiempo. Es el ego el que no nos permite concentrarnos. La mente siempre se ve arrastrada. Ya sabemos por el *raja yoga* que el primer paso para la meditación profunda es *pratyahara*, retirar los sentidos y la mente.

Para ser realmente capaces de meditar, tenemos que conquistar la denominada mente inferior. Al menos en cierta medida. Para ello, podría ayudarnos generar pensamientos sobre Dios o el Ser mientras desarrollamos ciertas actividades. La mente inferior tiende a orientarnos hacia ese yo y mío, hacia actividades egoístas, pensamientos egoístas, *raga-dvesha* o gustos y aversiones, celos, envidia y miedo. Esto es lo que llamamos la mente inferior, que está muy conectada con el subconsciente y se relaciona con todas las cosas que hemos hecho y pensado en el pasado. Intentamos conquistar esta mente inferior a través de la mente superior cuando pensamos en Dios, cultivamos el desinterés, la valentía, el amor, la entrega, el perdón y, lo que es más difícil, cuando permitimos a otros que sean ellos mismos y no intentamos convertirlos en seres más de nuestro agrado. Intentar elevar la mente y desarrollar la mente superior requiere mucha energía, mucho *prana*, pero al final se desarrolla y experimentamos *sattva*, la pureza. En el momento en que el *yogui* ha conquistado la mente inferior y los sentidos (o sea, la vida de hábitos) la mente estará más equilibrada y en paz ante cualquier circunstancia. La acción es la mejor práctica para esto. La esencia de la *Bhagavad Gita* es la acción. Tal y como Sri Krishna le dice a Arjuna: No tienes que hacer lo que yo te diga, tienes que pensar en lo que tú quieres hacer. Tus acciones acarrean consecuencias, pero también encontrarás consecuencias a través de la inacción. Es nuestra elección. La inacción no es una buena opción porque si no actuamos, no vamos a crecer. Sin embargo, la acción nos permite corregirnos. Lo idóneo sería practicar ante la presencia de un Maestro, siguiendo su modelo de vida. Solo tenemos que actuar, no podemos quedarnos quietos. Actuar podría servirnos también para darnos cuenta de que éticamente no somos tan fantásticos como creíamos. Podemos aprender muchas cosas intelectualmente, pero incorporar ese conocimiento a nuestra personalidad es otro tema. Solo puede hacerse a través de la acción práctica. Así, podemos contemplar el miedo o los celos en acción. Podemos ver los *gunas* en funcionamiento: *tamas*, *rajas* y *sattva*, inercia, actividad y pureza. Así no tendremos que pedirle a nadie que nos diga cómo somos, sino que lo veremos y lo sentiremos directamente. También encontraremos a otras personas en acción, por lo que tendremos el espejo perfecto ante nosotros.

Entrenar la mente puede llevarnos varios años durante los cuales practicamos la meditación en paralelo. Puede que la mente no esté preparada para una meditación profunda y que continúe haciendo asociaciones de la mente inferior como: ¿Estoy meditando ya? Todavía no estoy preparado. Me duelen las rodillas. Me estoy durmiendo. ¿Está viniendo ya? ¿Dónde está esa energía que se supone que tiene que ascender? La mente inferior siempre espera algo. Es muy *rajásica*, siempre pidiendo. En un nivel más maduro, la mente pide cosas a nivel espiritual, pero sigue pidiendo. Como consecuencia, acaba con nuestra concentración y con nuestra paz y, así, también acaba con la energía sutil que se supone que tiene que elevarnos más allá de nuestros patrones de pensamiento habituales. Cuando la mente no se ve influida por los gustos y las aversiones o *raga-dvesha*, podemos alcanzar la fuerza interior, el Ser superior y la paz interior. La mente no pide nada en este estado y deja de verse influida por todas las cosas que suceden a su alrededor. Es en este momento cuando estamos preparados para comenzar a meditar.

CONECTAR CON LA FUENTE DE ENERGÍA

Es habitual que equiparemos la inteligencia con el pensamiento. No obstante, la verdadera inteligencia va más allá del pensamiento y también del pensamiento lógico. No es ilógica, sino que va más allá de la lógica. Una forma sencilla de describirla sería el silencio. Sin embargo, ¿durante cuánto tiempo podemos mantener nuestra mente en silencio, sin pensar? Nos cuesta mucho ser testigos silenciosos. Se ha llegado a decir que cuando conseguimos centrarnos durante apenas 12 segundos, hemos alcanzado *dharana*, un estado muy elevado de concentración. Solo con centrarnos durante unos pocos segundos recibimos a cambio horas de energía, mucho más de lo que obtenemos con ocho horas de sueño. De hecho, la esencia de todas las técnicas de *yoga* consiste en tratar de tocar la fuente de energía (Dios, o como quieras llamarla) durante unos segundos o más si fuera posible; pero ya solo con unos segundos nos sentimos rejuvenecidos, renovados. Cuánto más tiempo podamos centrarnos, más renovados nos sentiremos: ese es el secreto de los maestros. Si observamos la vida de Swami Sivananda, nos da la sensación de que la gran cantidad de trabajo que desempeñaba no era humana. Entonces, ¿cuál era su secreto? Estaba en contacto con la fuente de energía.

Tiene un efecto en nuestro cuerpo, en nuestro cerebro y en todas nuestras células. No sucede en un nivel más elevado desconectado del cuerpo físico, sino ahora mismo, en nuestro ADN. Cuando nos alineamos con la fuente de energía, todo vibra a ese nivel energético elevado. Volvemos a conectar y nos sentimos increíblemente bien. No obstante, puede que la sensación no dure mucho tiempo. Dado que cada una de nuestras células reacciona de inmediato ante todo lo que sucede en nuestra conciencia, la mente vuelve enseguida a una forma de pensar y sentir menos armoniosa y el cuerpo regresa a un estado menos armonioso. Una de las consecuencias de reconectar con esa energía cósmica es, por ejemplo, que podemos curarnos mucho más rápido.

Es un estado en el que no hay proyección mental. No esperamos nada en concreto, ni siquiera el silencio. Esperar el silencio sería contenido y no silencio. Es un estado total de no expectativa, no proyección, solo sentimos la presencia de nuestro verdadero Ser. Es precioso sentir esa fuente de energía, la fuente de dicha, y sentir que yo soy esa fuente de dicha.

Swami Sivananda escribió varios poemas preciosos sobre este estado. En ellos describía su experiencia estando más allá de la alegría más elevada que podríamos llegar a imaginar con la mente, un estado de gracia absoluta. Decía sentir que hay un amor absoluto e incondicional y una aceptación absoluta e incondicional. Te preguntas: Dios mío, ¿cómo puedo merecer esto? Hasta que lo entiendes: Me merezco esto porque yo soy Dios. Cuando tienes esa experiencia, aunque sea por poco tiempo, no te importa tener que experimentar dolor, sufrimiento y enfermedades porque sabes que esa dicha existe. No sabes cuándo volverás a sentirla, pero solo saber que existe la posibilidad de volver a hacerlo, te permite seguir adelante.

A veces, la vida es así. Unos segundos pueden darte fuerza para un año o más por lo prístino que fue ese instante, más allá de toda expectativa y de todo lo que habías experimentado hasta entonces.

FELICIDAD

Todos queremos encontrar la felicidad. Sentimos que nos falta algo, que hay un vacío. Tratamos de llenar ese vacío con fiestas, yendo de compras, bebiendo alcohol, comiendo... cosas que casi todo el mundo puede permitirse. Sin embargo, la búsqueda prosigue: ¿Cómo puedo ser feliz? Hay quien cree que su felicidad depende del poder, del dinero o de la belleza que lleguen a alcanzar. Buscamos la felicidad con todo lo que hacemos, incluido el *yoga*; pero, de hecho, el *yoga* es uno de los sistemas que nos dice que la felicidad no puede encontrarse fuera, sino en nuestro interior.

Una de las muchas historias que ilustran este concepto es la de una señora mayor que está cosiendo su ropa. No ve demasiado bien y en algún momento se le cae la aguja. Empieza a buscarla por todas partes hasta que, en un momento dado, sale a la calle a buscarla. Un vecino se acerca y le pregunta:

¿Qué estás buscando?
He perdido la aguja. Estaba cosiendo y se me ha caído de las manos.
¿Dónde la has perdido?
En la habitación en la que estaba cosiendo.
Entonces, ¿por qué estás buscando aquí fuera?
Porque hay más luz.

Y esto es lo que nos sucede a todos. La aguja sería la felicidad, la cual hemos perdido en nuestro interior. ¿Y dónde la buscamos? En el materialismo, en las promesas, en el poder, en el dinero, en las relaciones, etc. Podemos buscar la felicidad en el exterior todo el tiempo que queramos, pero no vamos a encontrarla. Tenemos que volver a nuestro viaje interior. Dios nos ha dado todo el equipo necesario: tenemos un cuerpo físico con el que hacer cosas; un cuerpo etéreo, el cual es muy sensible y está lleno de luz; y luego tenemos un tercer cuerpo con esa felicidad interior. Contamos con varios niveles y nos conviene entenderlos. Cada uno de los cuatro caminos del *yoga* se concentra en uno de estos niveles: *jnana yoga*, el sistema intelectual; *bhakti yoga*, el sistema devocional; *raja yoga*, el funcionamiento de la mente; y *karma yoga*, la actitud adecuada en la acción y en el servicio. Todos estos caminos están unidos y, en última instancia, todo es cuestión de *prana* o energía. Una vez nos volvemos conscientes de que hay una energía muy sutil que puede experimentarse, hemos iniciado la búsqueda interior. Las cosas que vemos con los ojos físicos pierden poco a poco su atractivo porque entendemos que todo lo que está hecho de elementos brutos acabará por desvanecerse. Si centramos nuestro interés y energía en algo que va muriendo a cada minuto, es solo cuestión de tiempo hasta que la infelicidad se cruce en nuestro camino. Estamos buscando la aguja en el exterior. En el libro El pensamiento y su poder, Swami Sivananda explica que lo que vemos en el nivel material se origina en el pensamiento. Cuando nacimos, todos llegamos desnudos, sin nada. Ahora somos diferentes. Nuestra propia mente ha creado las variaciones. El pensamiento es una fuerza impresionante. Los sistemas como el *yoga* nos enseñan a trabajar la mente porque tenemos el poder de cambiar las cosas, empezando por los pensamientos. Los pensamientos son materia; de lo contrario, no podríamos cambiarlos. Son muy, muy sutiles, pero siguen siendo materia. Un pensamiento tiene energía, tamaño, forma, color, cualidades, sustancia y poder. Los pensamientos pueden verse en los rostros de las personas. Los pensamientos positivos son radiantes y hacen que el cuerpo energético sea muy grande. Los pensamientos negativos como no soy nadie, no sé hacer nada nos vuelven pequeños y nos hacen sentir mal.

Aunque al principio nos cueste creerlo, cuando iniciamos el camino interior sentimos que ese conocimiento, que está en nuestro interior, empieza a emerger. Nos damos cuenta de que no somos ignorantes en absoluto y que nacemos con conocimiento pleno de quiénes somos. Todos los caminos interiores suponen un despertar de ese conocimiento. Es como pelar una alcachofa: ¿Quién iba a pensar que dentro de esa cosa tosca había algo suave con un gusto delicioso? Amarillo, tierno y sabroso. De la misma manera, dentro de cada uno de nosotros se encuentra ese tesoro grandioso, esa felicidad, pero nos hemos atascado en la superficie áspera y esperamos que esta nos haga felices.

Swami Sivananda dice: Tus pensamientos crean tu vida. Tus pensamientos te hacen fuerte. Tus pensamientos traen el éxito. Piensa que eres fuerte y te volverás fuerte. Antes de irte a dormir, piensa todas las noches: Soy fuerte. En mi interior solo hay felicidad. Soy valiente. Los *asanas* nos hacen fuertes porque desbloquean la energía del cuerpo astral. Es un masaje fantástico a través de la práctica de *hatha yoga*; es como un masaje espiritual que poco tiene que ver con el aspecto físico. Practicamos los *asanas* y nos sentimos seguros. El cuerpo astral se expande y los pensamientos se vuelven puros. Cuando tenemos la sensación del lago en calma de la relajación final, cuando percibimos esa luz y el *OM*, no pensamos en maridos, mujeres, niños, dinero, casas, autobuses ni coches. Nos damos cuenta de que el mundo exterior no es el que nos hace felices o infelices. *Jnana yoga* se refiere al mundo exterior como *maya*: ilusión, cambio continuo, apenas una percepción.

Para encontrar la felicidad verdadera tenemos que convertir la negatividad en positividad: Soy fuerte, soy valiente, puedo hacerlo, siento felicidad en mi interior. Para volvernos fuertes podemos hacer uso de la repetición y ocupar la mente con estas afirmaciones incluso en las actividades del día a día como conducir, trabajar, cocinar o caminar por la calle. Tenemos que amarrar fuerte las riendas de los cinco caballos que tiran constantemente de un lado para otro: los sentidos. La actividad general de amarrar las riendas se llama *sadhana*. La filosofía *Vedanta* lo llama *viveka*: discernir entre lo que nos aporta felicidad y lo que no. Al principio es solo teoría, pero con el tiempo nos convertimos en practicantes. El pensamiento profundo e intenso es necesario, pero siempre bajo la tutela de los maestros. De hecho, nadie más puede aportarnos felicidad. Venimos solos y nos vamos solos. Lo que sucede entre medias se llama camino espiritual, *sadhana*, el cual nos da la fuerza interior espiritual. Después encontramos la aguja, el Ser interior, la felicidad, la dicha.

DHARMA

Dharma es la ley universal de la vida. Swami Sivananda dice que *dharma* es la esencia de la vida y que está más allá de la religión. Las religiones enseñan *dharma*. Enseñan ciertas normas, ciertas leyes de la vida. En términos cristianos, si te riges por estas normas has trascendido el pecado. En *yoga*, has trascendido el *karma*. Sea cual sea la religión, el efecto prometido de seguir tales normas es vivir una vida más feliz y pacífica.

La palabra *dharma* significa ley. *Dharma* es un concepto muy importante, común a todas las filosofías indias. *Dharma* indica el orden natural de las cosas, un orden que no ha desarrollado el ser humano, al igual que éste tampoco ha creado la naturaleza.

A veces intentamos controlar la naturaleza. Disparamos a las nubes para que no interfieran en grandes eventos como las Olimpiadas de Londres, por ejemplo. Pero eso es interferir con las leyes de la naturaleza y es, por tanto, *adharma*: ir en contra de las leyes. Como consecuencia aparece el sufrimiento: la lluvia que no pudo caer cuando tenía que hacerlo, caerá con el doble de fuerza en otro momento y causará daños.

En el fondo, todos sabemos lo que es *dharma* en nuestra vida, cuál es la ley. Aun así, comemos demasiado, *adharma*, o no comemos nada, *adharma*. Comer lo adecuado es *dharma* para el cuerpo. A menudo nos cansamos de las normas y las rompemos; pero luego sufrimos, nos sentimos culpables y nos deprimimos. Según los *Vedas*, si vivimos de acuerdo con *dharma*, alcanzamos pronto la liberación o *moksha*. El *rig veda* explica que hay un poder detrás de todo, una justicia y armonía natural que impregna el universo y que los animales y los humanos conocemos de forma instintiva. Por desgracia, como tenemos intelecto y libre albedrío, intentamos anular estas leyes naturales y esta armonía natural. El *rig veda* llama *shakti* a este poder que se encuentra detrás de todo. La tradición *bhakti* lo llama Dios. El *rig veda* dice: Oh Indra, guíanos en el camino del orden natural, por el camino correcto que supera todo el mal. Aquí, el mal es sinónimo de *adharma*.

En otro *Upanishad* se nos recuerda: «*Dharma*» es el primer principio universal que surgió de «*Brahman*». «*Dharma*» actúa como regulador. Es el principio moral del universo de «*sat*» (la verdad).

El *dharma* no es tan complicado en sí mismo. Lo que lo hace complicado es nuestro *raga-dvesha*, nuestros gustos y aversiones. Queremos ir en contra de lo que es y no queremos aceptar las cosas como son. El *brihadaranyaka upanishad* dice: Ciertamente, aquello que es «*dharma*» es la verdad. La persona que habla la verdad, habla el «*dharma*».

En la *Bhagavad Gita*, Sri Krishna le dice a Arjuna: Tienes que luchar; a lo que el ego de Arjuna responde: ¿Por qué iba a luchar? No quiero hacer daño a nadie. Soy el rey. Tengo responsabilidad sobre las personas. Voy a evitarlo. ¿Por qué iba a hacerlo? A lo que Krishna responde: Es tu «*dharma*.» Naciste para ser un rey, un guerrero. Naciste para proteger a tu gente, por lo que es tu deber protegerlos. Es un concepto complicado de asimilar. La mente no quiere aceptarlo.

En la tradición india hay cuatro *ashramas*, cuatro estados naturales de la vida: *brahmacharya* (preparaciones de la vida), *grihasta* (la vida matrimonial, la vida en sociedad), *vanaprasta* (cuando se acaba la vida en matrimonio, los niños han crecido y empiezas a prepararte filosófica y religiosamente para abandonar la vida) y *sannyasa* (renuncia). Según los *Vedas*, *dharma* tiene que ser la meta. *Dharma* es un camino hacia la justicia. En realidad, es el camino de la justicia. Todos, en todos los estados de la vida, tenemos que vivir en *dharma*. Cuando contemplamos la vida en la actualidad, vemos que estamos muy alejados de *dharma* y que debemos tener cuidado para no vernos arrastrados por *adharma*. No podemos cambiar el mundo. El mundo va a seguir su camino; pero dentro de nuestro pequeño mundo, podemos vivir en *dharma*.

Dharma y *karma* son dos conceptos muy cercanos: si vivimos esta vida en *dharma*, el *karma* de las vidas futuras se suavizará, será más apacible, menos doloroso. Si no crees en la reencarnación, céntrate en esta vida: si vives en *dharma*, lo cual no siempre es fácil, la vida será más fácil y pacífica porque no tendrás que esconderte, no tendrás codicia, podrás aceptar las cosas tal y como son. Además, cuando vives en *dharma* la mente está en paz.

También es cierto que solemos culpar a otros por nuestro propio *adharma*: por ejemplo, si comemos pan con levadura es porque sabe bien y me siento débil. Aunque sé que no puedo digerir la levadura, puedo culpar a la persona que me lo puso en el plato. Sin embargo, soy yo quien se lo ha puesto en la boca y luego ha padecido dolor de barriga. Ha sido *adharma* contra mi propio cuerpo.

Manusmriti (Leyes de Manu) es una de las escrituras más importantes sobre el *dharma*. Proporciona diez reglas para definir lo que es el *dharma*: paciencia, perdón, autocontrol, sinceridad, control de los sentidos, razonamiento, conocimiento, honradez, ausencia de ira y pureza del cuerpo y la mente. Estas leyes del *dharma* no solo se aplican a un individuo, sino a la sociedad en general. Swami Sivananda afirma que siempre y cuando seamos humanos, fracasaremos y nos equivocaremos. El sistema *gurukula* puede servirnos de ayuda para estar en contacto constante con las enseñanzas. No cabe duda de que el objetivo es la perfección, pero solo podemos mejorar si practicamos. Si estamos activos, cuando fallemos y cometamos errores podremos corregirnos. Del mismo modo, cultivaremos la compasión por los otros seres que fallan y cometen errores.

Si vivimos en *dharma* experimentamos paz, alegría, fuerza y serenidad. A*dharma* hace que nos sintamos deprimidos, irritables, furiosos, abatidos, impuros y confusos. Cuando vivimos en *adharma*, no podemos disfrutar de la naturaleza ni de una obra musical. Necesitamos *rajas* o *tamas*. No obstante, si establecemos nuestra vida en *dharma*, *sattva* estará de nuestra parte y podremos disfrutar de la vida. Viviremos con una disciplina bañada por el entendimiento.

El gran filósofo *Shankaracharya* dijo que no hay ninguna religión que te enseñe a vivir como te apetece, dejándote guiar por tus gustos y aversiones. Hay quien decide dejar su religión y empieza a practicar *yoga* sin saber que el *yoga* también tiene *dharma*. Swami Vishnudevananda decía: ¡Practicad vuestra religión! Podéis seguir practicándola junto con el *yoga*. Tenemos que seguir las normas de las escrituras, de los *Vedas*, no hay escapatoria. No hay ninguna religión que nos inste a hacer lo que nos apetece. Fijaos en lo que sucede cuando alguien empieza a pensar solo en sí mismo. Las familias se separan porque nadie quiere seguir las normas, nos preguntamos dónde están la compasión, la paciencia, la pureza, el amor, la honradez... ¡Han desaparecido!

Como dicen los *Vedas*, el *dharma* es una capa protectora. Hay grandes sabios y santos que vivieron en este *dharma*: Francisco de Asís, Gandhi, Sivananda, Teresa de Ávila, Jesús o Buddha, por ejemplo. Podríamos pensar que no estamos preparados, pero podemos empezar con pasos pequeños y luego ir fortaleciéndonos, como si fuéramos albañiles que construyen un muro ladrillo tras ladrillo, con paciencia y perseverancia. En primer lugar, necesitamos tener el deseo de hacerlo. Luego tenemos que aprender cómo proceder para construirlo; y por último, aprenderemos qué es lo que deberíamos hacer. El gran reto que surge aquí es poner la teoría en práctica. En este punto podríamos aburrirnos. Puede que pensemos que sabemos qué hacer, pero que no queramos hacerlo y nos veamos tentados a centrarnos en otra cosa. Empezamos a construir otra casa. Es como cavar en busca de agua. El agua está ahí bajo, eso lo sabemos, pero cavamos y cavamos un agujero y no encontramos nada. Como dudamos, empezamos a cavar un nuevo agujero a un par de metros de distancia. Una vez más, nada. Al final hemos hecho diez agujeros y seguimos sin tener agua. Si hubiéramos cavado lo suficiente la primera vez que lo intentamos, habríamos encontrado el agua. Lo mismo se aplica al *dharma*. No te rindas ante el primer fracaso. Ten perseverancia. Acabarás consiguiéndolo.

TRUE WORLD ORDER

En los años 70, Swami Vishnudevananda instauró el concepto del True World Order (Orden del mundo verdadero). Swamiji lo utilizó en todos sus logotipos y textos y lo mencionó en ocasiones en sus discursos. Impregnaba toda su enseñanza, su vida y su actitud hacia el *yoga*, hacia el mundo y hacia la sociedad. Tenía en mente la idea de formar a líderes en valores *yóguicos*; idea que a su vez dio lugar al TTC (el curso de formación de profesores de *yoga*). La idea no era crear una nueva profesión o ganar dinero, sino formar a personas. En realidad, toda persona es un líder de una manera u otra. Por ejemplo, podemos ser líderes en el trabajo y también en la familia, como hijos, marido o esposa. Todos somos líderes de alguna manera dentro de nuestra comunidad. Swamiji pensaba que formar a las personas en *yoga* traería paz y tranquilidad. La ausencia de esa paz y tranquilidad provoca guerras, peleas y agitación mental. A su vez, todo ello se ve proyectado en los que nos rodean e incluso podría generar guerras adicionales.

Swamiji decía que el TWO debería recordarnos que todos vivimos juntos en este planeta llamado Tierra. Somos viajeros del espacio adheridos a esta bola y protegidos por oxígeno. Swamiji trató de recordarnos que tenemos que olvidarnos de la idea de yo soy católico, yo soy protestante, yo soy judío, yo soy blanco, yo soy francés, yo soy europeo, etc. Él diría que eso es *avidya* o ignorancia y que debería eliminarse del pensamiento humano. Diría: No te identifiques con todo esto. No te identifiques con tu cuerpo. Recuerda que eres el Espíritu inmortal. La esencia de su mensaje es que somos el Espíritu inmortal. Debemos trascender nuestras diferencias de lenguaje, país, piel, educación o religión. Todas estas cosas son secundarias. Así pues, si tenemos dignidad, respeto por nosotros mismos y por los demás, paciencia, compasión y comprensión, llegará el amor.

Esta era la idea del TWO. Solo podemos sentirnos plenos de verdad si nos identificamos con ese yo interior. Esto significa que ese yo que hay dentro de ti es el mismo yo que hay dentro de mí y el mismo yo que existe en cualquier otra persona. Algunos sacerdotes hindúes se ponen ceniza blanca en la frente, ¡otros se la ponen por todo el cuerpo! Es una manera de recordar que el cuerpo se convierte en ceniza, por lo que no tiene sentido identificarse con la carne y los huesos, con el yo soy mejor, yo soy más alto, etc. El polvo rojo representa la sangre. Pensamos que somos diferentes y este polvo nos recuerda que todos tenemos la misma sangre. Todos vivimos en esta nave espacial, la Tierra: respiramos el mismo aire, nos alimentamos con la misma comida y todos tenemos, básicamente, las mismas necesidades. Si transmitimos la idea de que Dios solo creó franceses o cristianos o hindúes, o Dios solo creó *yoguis* y yo soy mejor que cualquiera porque soy vegetariano y hago «*asanas*» todos los días, estamos creando una separación. El TWO pretende mostrar que podemos vivir en lo que se llama amor universal tanto si tenemos una educación como si no, e independientemente del color de la piel, la religión, el origen o el ritual que se practique. El amor individual, el yo solo quiero a mi familia, a mis vecinos, a los que van a la misma iglesia que yo o a aquellos que practican *yoga* es sinónimo de ignorancia. Debemos buscar el amor universal y experimentar la paz interior y exterior. Eso es lo que une el mundo.

Las personas religiosas suelen tener un ego muy fuerte. Se libran guerras horribles en nombre de la religión. La religión puede provocar un grado considerable de fanatismo en el que cada grupo piensa que ellos son los elegidos: Mi Dios es mejor que el tuyo, etc. Entre los llamados *yoguis* esto también pasa: Mi maestro es mejor que el tuyo; mi sendero es mejor que el tuyo. El fanatismo vuelve a hacer acto de presencia y no somos conscientes de ello.

Swami Vishnudevananda dice: La meditación es la respuesta. Relájate, recuerda y lleva tus pensamientos a un único punto. La mente está hipnotizada y tenemos que despertarla. Tenemos que orientarla hacia una nueva rutina y alejarla del antiguo ritmo *tamaso-rajásico* que cultiva el pensamiento de yo soy mejor que cualquiera. El *Vedanta* establece que el Ser, el Yo, está en ti y en mí. En el *Vedanta* lo llaman *Brahman*. En otras filosofías lo llaman Dios, *Tat Tvam Asi* (tú eres eso), *Aham Brahmasmi* (yo soy ese Ser) o mi padre y yo somos uno, como Jesús declaró audazmente. La clave está en identificarse con lo supremo, con el Dios supremo y no con sus imágenes limitadas: cuerpo, mente, religión, piel, nacionalidad, rituales y similares. Esta es la razón por la que las almas grandes se unen entre ellas, afirmando: Yo sigo mi sendero, pero respeto también el de los demás.

La Biblia dice: Alcanza la paz que sobrepasa todo entendimiento. Se refiere a la paz que va más allá del intelecto y elimina todas las barreras. El ego individual que piensa que yo soy diferente y mejor que cualquiera desaparece. Ese era el objetivo y la enseñanza fundamental de Swami Sivananda y de Swami Vishnudevananda. Todos estamos conectados a través de la energía por esa fuerza universal. Esta es la belleza de la práctica del *yoga*: sentirse conectado con algo. Luego tenemos que darle nombre porque no podemos relacionarnos con algo para lo que no tenemos nombre. Swami Vishnudevananda lo llamó energía. La palabra *yoga* significa unión, unificación. La práctica del *yoga* aumenta nuestro nivel vibratorio físico de manera que entendemos, nos fusionamos para que la energía pueda fluir a través de nosotros. Es entonces cuando podemos sentir que somos uno con la naturaleza y con nuestros prójimos. No somos seres independientes. Todos estamos conectados con la fuerza o energía universal. Por lo tanto, si nuestro nivel vibratorio físico, mental y psíquico está muy bajo, el mundo entero se verá afectado. Afectará a la gente de nuestro alrededor, ellos afectarán a los de su entorno y así sucesivamente en círculos concéntricos. La razón que hay detrás del TWO y del curso de profesores es difundir el mensaje.

El movimiento por la paz de Swami Vishnudevananda se basaba en la idea de que no podemos alcanzar la paz solo con abandonar las armas y dejar de luchar. Cada individuo debe elevar su nivel de energía. De esa forma, aprenderemos a cuidar de la naturaleza de un modo distinto: utilizaremos los árboles y los jardines de manera adecuada, trataremos a los niños y a los animales con fe y cariño y la paz y la felicidad irradiarán por todas partes. Seremos capaces de aceptar diferencias inevitables como el idioma, el país, la religión, la filosofía, la forma de pensar, el color de la piel, las costumbres, los rituales y las ideas. Tenemos que aceptar las cosas tal y como son y no como queremos que sean o como las soñamos en nuestro estado de hipnosis. Como diría Swamiji, tenemos que ver la unidad en la diversidad, lo que implica ser compasivo, comprensivo y tener la mente abierta. Esto es lo que realmente representaba Swami Vishnudevananda. Esto es lo que él enseñaba. Se dio cuenta de que el *yoga* podía unir el ego individual con el Ser universal. Podemos sentirlo incluso en la relajación final, después de la práctica de *asanas*, cuando el cuerpo está en cierto modo aparcado y la idea de yo soy el cuerpo ha desaparecido. También podemos experimentarlo durante la meditación, cuando la mente se disuelve en esa paz. Es una experiencia directa del TWO: unidad en la diversidad.

APRENDER YOGA DESDE LA FUENTE

GRADUACIÓN DEL TTC EN VRINDAVAN, 2011

Tenía especiales ganas de deciros esto al acabar el curso: Felicidades. Habéis hecho un trabajo maravilloso. ¿Pensabais que algún día llegaría a su fin? ¿Cuántas veces habéis pensado: Ay, no sé... Ahí está la puerta. No hay ningún «swami» por aquí. Creo que…? ¿Habéis tenido este tipo de pensamiento? La mente es así y todos los aquí sentados lo sabemos porque todos hemos hecho el TTC y hemos tenido que enfrentarnos a esas dificultades. Yo misma hice el curso en 1974 en California. Cómo ha pasado el tiempo. Desde entonces, mi ropa ha cambiado de color. Ahora llevo el color de swami. En el curso habéis aprendido que un swami es un renunciante. Ahora, después de cuatro semanas de curso, seguro que entendéis mejor que tenemos que abandonar algunas cosas para entender la verdad del *yoga*. ¿No es así? Habéis hecho el curso en la verdadera fuente del *yoga*, en Vrindavan, India, y hay bastantes cosas que hay que abandonar. El curso es muy especial. Estas condiciones no se encuentran en ningún otro lugar, por mucho que los contenidos sean los mismos en todos los sitios. No obstante, para entender mejor el *yoga* y entender sus escrituras, es importante encontrar las raíces.

La *Bhagavad Gita* ofrece enseñanzas y mensajes para toda la humanidad, pero tiene el aroma de la cultura india. Ahora que conocéis un poco más la India, seguro que entendéis mejor las raíces y, por ende, su mensaje: tenemos que estar activos, no inactivos, pero actuar de la forma adecuada. Esto significa actuar con devoción, desapego y el discernimiento adecuado. Este es el mensaje de la *Bhagavad Gita*. Las escrituras explican la evolución del ser interior. Todo se pone dentro de varios contextos que son como las raíces místicas de la India. De hecho, en el *yoga* se recurre a menudo a la cultura y a la historia para enseñar. Al principio, lo más difícil para mí era acordarme de todos los términos en sánscrito. Más tarde me di cuenta de que es muy útil utilizarlos, ya que nuestros idiomas no tienen la sensibilidad necesaria para referirse a los aspectos más sutiles.

A medida que vayáis entendiendo la India, empezaréis a entender los rituales. Los indios practican el culto a aquello que más valoran, como por ejemplo el arroz y las flores. Al principio podríamos pensar que es una pérdida de tiempo, pero ellos piensan de otro modo. En una ocasión en que Swami Vishnudevananda iba a hacer una *puja*, los que nos encargábamos de preparar las flores fuimos un poco tacaños y pensamos: Pobres flores. Las arranca y luego hace rituales con ellas. La *puja* se alargó más y más y de repente vimos que no iba a haber suficientes flores. En aquella ocasión habíamos puesto un bonito jarrón al lado del altar. Swamiji miró el bol vacío, miró el jarrón y cogió las flores. Fue doloroso, pero los occidentales hacemos a menudo cosas que causan dolor a los indios porque no estamos familiarizados con su cultura. Si entendemos esto, entenderemos también la profundidad del *yoga*: es un modo de vida, respeto, desapego y discernimiento. Luego, podremos transferirlo a nuestra propia vida. No sirve de nada copiarlo todo, volvernos muy indios e ignorar nuestros orígenes. Debemos reflexionar sobre su significado y esencia y aplicarlo a nuestra propia vida. Este tipo de trabajo empieza justo cuando termina el acto de graduación. Requiere su tiempo (doce años, según las escrituras) y a algunos de nosotros nos cuesta más. Para hacer este trabajo no debemos ser un fanático ni utilizar la razón en demasía. Necesitaremos sentir devoción para que el corazón se abra y que podamos alcanzar el entendimiento. Si racionalizamos y juzgamos todo, perdemos la esencia del *yoga*.

El *yoga* es un modo de vida basado en las leyes de la naturaleza. Antiguamente, el *yoga* y el *Ayurveda* eran una única ciencia. Cada una de ellas tiene sus propios especialistas, los *acharias*, pero ambas tienen que combinarse de algún modo. Aparte de enseñarnos las leyes de la naturaleza, el *yoga* nos enseña a volver a sintonizar con dichas leyes. Tanto nuestro cuerpo como nuestra mente son naturaleza. Todo lo que cambia es naturaleza y la mente cambia de forma incesante. En nuestro entorno, todo y todos se distancian de estas leyes de la naturaleza. No nos damos cuenta porque pensamos que es normal; y, como consecuencia, tenemos problemas físicos, mentales y nos ponemos enfermos. No muy enfermos, pero sí un poco. Todo el mundo tiene algo: los ojos, los dientes, las encías, las articulaciones, el estómago, estreñimiento, los riñones un poco delicados, algún tipo de depresión. Todo ello es consecuencia de dicho distanciamiento, pero no solo de nuestro cuerpo actual, sino también de los cuerpos de los que venimos, la información de los genes. Si tenemos suerte nos damos cuenta de ello y decimos: Voy a probar el *yoga*.

Hemos perdido el equilibrio interior, el bienestar corporal y la calidad de vida. Hemos perdido el contacto con nuestro ser interior, *atman* en sánscrito. Si tuvierais que recordar una única cosa del curso, acordaos de esto: cuanto más os acerquéis a la ley natural, cuanto más miréis a la naturaleza y la entendáis desde dentro y desde fuera, cuanto más entendáis la naturaleza de la mente, antes volveréis al *atman* y el sufrimiento cesará lentamente, como niebla que se desvanece.

La naturaleza se mueve tan despacio que no te percatas.

Las enfermedades llegan despacio y no te das cuenta.

El bienestar es tan apacible que te hace olvidar lo mal que has estado.

El dolor se olvida muy fácilmente.

Si no fuera así, las mujeres no tendrían más hijos después del primero.

El *yoga* te ofrece diferentes medios para sintonizar con tus orígenes. *Bhakti yoga*, *karma yoga*, *jnana yoga* y *raja yoga* están ahí para conducirnos de *jiva*, el yo individual, hacia el Ser interior o *atman*. Eso es el *yoga*: del *jiva* al *atman*. Sin embargo, en primer lugar es esencial reconocer que existe un desequilibrio, que estás alejado del Ser. De hecho, cada vez son más las personas conscientes de ello; sobre todo en el oeste, donde la mayoría contamos con unas bases materiales mínimas. Aquellos que tienen que buscar refugio o comida no tienen tiempo para pensar más allá de las necesidades básicas que le permiten sobrevivir. Por ello, el primer requisito es reconocer que existe un desequilibrio. Luego, debe surgir la oportunidad de regresar al equilibrio, lo cual no es tarea fácil. Requiere tiempo, medios económicos y buena salud. Si nos detenemos a analizarlo, no hay tanta gente que disponga de estos prerrequisitos: o no tienen los suficientes fondos, o no disponen de tiempo o tienen tales ataduras que no pueden dejarlo todo durante cuatro semanas. Primero tienes que reconocer que hay algo en tu interior que no está equilibrado. Después, tienes que disponer de una oportunidad en tu vida para hacer algo al respecto. Y, por último, necesitas profesores. Las enseñanzas están ahí, pero muchas no son apropiadas porque cada uno es diferente. Si hemos tenido la suerte y la bendición de encontrar a un profesor en el que podamos confiar y al que podamos seguir en cuanto a las reglas, técnicas y normas, habremos conseguido unir los tres requisitos. Cumplir los tres requisitos en un único lugar es una bendición muy inusual.

Todos los que estáis aquí tenéis tiempo, habéis reconocido que hay algo ahí, queréis hacer algo y habéis aceptado seguir estas enseñanzas durante cuatro semanas; habéis aceptado seguir a estos dos maestros, Sri Swami Sivananda y Sri Swami Vishnudevananda, que siguen la antigua tradición de fusionar el *jiva* con el *atman* utilizando los cuatro senderos del *yoga*. Estáis bendecidos por estar aquí, por tener la oportunidad de estudiar esta ciencia secreta que es el *yoga*. En realidad es una ciencia secreta. Es la ciencia del *gurukula*. Podríais decir: Puedo practicar este *yoga* en cualquier parte, pero sabéis que incluso la clase de *pranayama* es bastante secreta en el sentido de que no puedes hacerla siguiendo un libro; necesitas un profesor. La gente necesita un profesor y vosotros tendréis que enfrentaros a ello cuando empecéis a enseñar. No podéis ser solo profesores, tenéis que ser amigos de las personas y compartir con ellas todo lo que habéis aprendido. Si sois amigos de vuestros alumnos, ellos también serán capaces de aceptar cualquier dificultad. Los libros no bastan. Por supuesto que todo está en los libros, pero no basta con ello. Tienes que adentrarte en ello, darte tiempo, abandonar unas cosas y renunciar a otras. Vosotros lo habéis hecho y tenéis la perspectiva adecuada. Habéis aprobado el examen y habéis atravesado altibajos. Swami Vishnu decía: El conocimiento está en tus manos y ahora puedes hacer que germine: añádele agua, practica. Pasaréis por altibajos en vuestra *sadhana*, sin ninguna duda. Al acabar el curso parece imposible, pero os aseguro que la vida estará ahí esperándoos. Todo está bien. Tenéis que aceptarlo, pero no os olvidéis de hacer una tabla para vuestra práctica que incluya algún *asana*, *pranayama*, meditación, un ayuno a la semana, etc. Puede que tu familia y amigos os digan: Te lo dije. No eres el mismo. Te han lavado el cerebro. Te lo advertí. Mira en qué te has convertido. Antes nos llevábamos bien, ahora no me puedo ni fumarme un cigarro contigo. Quería llevarte a un buen restaurante y no quieres porque no te gusta el olor, entre otras cosas.

No vayáis por ese camino. Tenéis que servir a vuestros seres queridos, pero también ellos tienen que serviros un poco. Seguro que podéis pedirles que fumen en el balcón, por ejemplo. ¿Que alguien os invita a cenar? ¿Podríamos ir a un restaurante italiano o chino donde tú pidas carne, pollo o pescado y yo arroz o pasta? No seáis estrictos. La otra persona no está llena de maldad porque coma pescado o fume. No juzguéis, trabajaos solo a vosotros mismos, de lo contrario no encajaréis en la sociedad. Ahora el vegetarianismo está muy aceptado y ya no se puede fumar en interiores. Además, el alcohol también se consume con menos frecuencia. Llevará cierto tiempo entender a los que os rodean y también entenderos a vosotros mismos. Algunos de vosotros ya habéis estado en un *ashram*, pero ahora no vayáis a negaros a ir a un hotel. No seáis tan extremistas. Tomad el camino intermedio. Paso a paso.

Cuando crezcáis física y mentalmente tendréis que hacerlo también en el *yoga*. Recordad siempre las leyes de la naturaleza y os encontraréis bien. Sed pacientes, compasivos y conscientes de vosotros y de los demás. No mires a otros para ver sus errores, sino para ver el amor que albergan. Todo el mundo está lleno de amor. *Atman* y amor son lo mismo.

Continuad con vuestra *sadhana*. Es de vital importancia. Luego conviértete en amigo, no en profesor. De cualquier modo, en el *yoga* no es fácil separar el uno del otro, ya que es una práctica muy personal. Por eso Swamiji insistía en practicar, practicar y practicar. Con práctica también nos referimos a la práctica mental, como marcaros objetivos pequeños. Podéis probar a hacer ciertos planes y escribir lo que queréis alcanzar. Trabajad con vuestro subconsciente y todo llegará. Normalmente llega cuando menos te lo esperas.

Sirve, ama, da, purifica, medita, realízate es lo que, en pocas palabras, Swami Sivananda solía enseñar. Realizarse significa reconectar con el Ser. Entiendes de verdad los cambios, que son la naturaleza. El verdadero Ser es inmutable. Centraos en eso. Todos estamos juntos en el mismo camino: swamis y profesores. Todos hacemos lo mismo. Enseñamos lo que practicamos. A veces tenemos dificultades, pero seguimos nadando. Si no nadamos, nos hundimos.

En ocasiones nadamos un poco más rápido, estilo libre. Otras, más despacio, a braza, pero seguimos nadando. Nadie es perfecto y tenemos ante nosotros un objetivo muy elevado: encontrar el ser interior que reside en cada uno de nosotros.

Muchas gracias por venir a esta institución de enseñanza Sivananda y por darnos vuestra confianza. Nos alegra haber compartido con vosotros nuestra experiencia en el *yoga*. Volved al mundo y brillad la luz del *yoga*.

SWAMI VISHNUDEVANANDA –

UN GURÚ, UN MAESTRO, UN EJEMPLO

El día de *Guru Purnima*, el día de la luna llena del mes de julio, es considerado como uno de los días más auspiciosos. Se dedica a la memoria del principio del maestro espiritual, el *gurú*, aquel que destruye la oscuridad. Es una ocasión perfecta para recordar algunos de los rasgos de Swami Vishnudevananda que lo convirtieron en un fantástico maestro muy inspirador.

Swami Vishnudevananda enseñó *asanas* y *pranayama*, pero su principal enseñanza fue el desapego, desapegarnos del cuerpo y de la mente para percibir la naturaleza finita de las cosas materiales. Nos enseñó a servir de manera incondicional para así reducir el ego. Estaba convencido de que podíamos experimentar la paz mental con el servicio a otros a través de la enseñanza del *yoga*.

Del desapego surge el amor, un amor que no se deja llevar por el encaprichamiento, que no depende solo de los aspectos exteriores y que, por ello, perdura en el tiempo. Su amor por sus discípulos era igual que el amor de una madre por sus hijos. Veía a todos sin distinciones, sin diferencia entre mujer y hombre, ni diferencias hacia aquellos que eran más útiles que otros o que trabajaban más y mejor. Se preocupaba de verdad por las personas. Por increíble que parezca, tenía la capacidad de preocuparse por todos los que se le acercaban.

Swamiji adoraba también la ciencia porque demostraba la efectividad de los *asanas*, del *pranayama* y del control mental. Sin embargo, nunca hablaba de su éxito material ni de su *sadhana*, igual que tampoco hablaba sobre sus experiencias en la meditación. Era así de humilde, pero costaba darse cuenta estando muy cerca de él. Solo más tarde, al mirar atrás, puedes ver su hermosa humildad. Él era bastante normal, como el resto de nosotros. ¡Qué maravilla de personalidad! Vivía con nosotros y nunca se distanció por ser muy indio: llevaba nuestro estilo de vida y hablaba nuestra lengua. Era lo suficientemente humilde como para dejar a un lado su trasfondo cultural.

Swami Vishnudevananda entendía nuestras necesidades y nuestro dolor, y es muy poco común tener un maestro que entiende de verdad lo que pasa por tu mente. Solía decir entre bromas: Los occidentales se pasan el día buscando aparcamiento o la forma de perder peso. Era una broma, por supuesto, pero denotaba mucha empatía y comprensión.

También hablaba sobre nuestros deseos: coches más grandes, casas más grandes, piscinas más grandes y diamantes más grandes. De esta forma nos animaba a observar nuestra mente, a observarla como si fuera una pantalla de cine y así distanciarnos. La vida es corta. Dejaros guiar desde el interior, rezadle al Maestro, practicad *japa*, leed el *Gita*, entregaos.

Ha sido una verdadera bendición estar con un maestro así, capaz de transformar la esencia de toda la filosofía en conceptos entendibles y sencillos: La vida es corta. Sigue el camino principal. El propósito de la vida es realizar su existencia, ser conscientes de que estamos en una nave espacial y de que nada perdura. El cuerpo se pondrá enfermo y acabará muriendo. Cuando eres joven, crees que todo esto es solo una enseñanza; pero no, no es solo eso, ¡es la realidad!

Es increíble el desapego que demostró incluso tras un derrame cerebral, cuando quedó reducido a una silla de ruedas y por desgracia no podía hablar porque el derrame le había afectado al habla. Todavía seguía desapegado del cuerpo por completo y era una maravillosa fuente de inspiración. Fue entonces cuando un gran número de personas perdió la fe porque identificaban sus enseñanzas con su cuerpo. Estaba sentado muy a menudo y en sus últimos años incluso tumbado; no era capaz de expresar sus ideas con elocuencia y fluidez. Fue una gran oportunidad para aquellos que estábamos más cerca de él en esos días. No tenía a tantos discípulos a su lado y era bastante accesible. En el pasado siempre estaba rodeado de cientos de personas, glamur y confusión. Para Swamiji, ambas situaciones estaban bien.

Siempre supo a la perfección quién era quién. Recuerdo una ocasión en que lo llevaba en coche con uno de sus invitados especiales. Ellos iban sentados detrás y el invitado le preguntó a Swamiji que cuántos discípulos tenía. La respuesta fue: Apenas unos cuantos. Esto fue cuando tenía muchos estudiantes, quizá en 1984 o 1985. Swamiji ya había viajado por todo el mundo y todos decían ser sus discípulos. En realidad eran más que unos cuantos, pero tampoco tantos.

Swami Vishnudevananda extendió la enseñanza del *yoga* por todo el mundo y nunca usó su propio nombre, sino el de su maestro, Swami Sivananda. Todo lo que hizo él, todo lo que estamos intentando hacer nosotros después de él y todo lo que harán los que sigan es inspirar a los demás con la devoción ilimitada que Swami Vishnudevananda sentía por su *gurú*.

A primera vista (e incluso a segunda) podía ser bastante difícil darse cuenta de quién era, incluso si estabas con él, porque era muy sencillo. Nunca se arreglaba ni presumía. La primera vez que lo vi llevaba un *dhoti* arrugado, incluso roto y con agujeros. Estaba resfriado y me lo encontré sentado. En ese momento, pensé: Dios mío, pero ¿quién es ese?

Luego me enteré de que esa mañana acababa de llegar a San Francisco desde la India, por lo que su cuerpo estaba totalmente exhausto tras veintidós horas de vuelo. La siguiente vez que lo vi, estaba tan deslumbrante que no hacía falta ni encender la luz. Esa experiencia me enseñó a no juzgar a nadie por su apariencia.

Podría decir mucho más sobre su manera especial de ser y de enseñar. Por nuestra parte, solo podemos intentar hacer lo mejor a nuestro alcance para estar a la altura del enorme ejemplo del principio del *gurú* que vivió en este planeta bajo el nombre de Swami Vishnudevananda.

Hari Om Tat Sat.

SWAMI SIVANANDA (1887–1963)

SU MISIÓN: SERVIR A LA HUMANIDAD

Swami Sivananda (1887-1963) fue uno de los grandes maestros del *yoga* de la India. En su vida tuvo dos carreras: la de un médico de éxito y la de *yogui* y sabio. Su trabajo se centró siempre en servir a los demás: Todos los trabajos que servían para sanar y aliviar el sufrimiento humano me colmaban de alegría. Para él, el servicio era una expresión del amor.

Después de empezar a trabajar como médico en la India se mudó a Malasia, donde miles de trabajadores indios vivían en condiciones difíciles. Fue director de un hospital de la zona y pasó mucho tiempo con los pobres, quienes más necesitaban su ayuda. No solo les ofrecía asistencia médica gratuita, sino que además se le conocía por enviarlos a casa con suficiente dinero en los bolsillos como para compensar los ingresos que habían perdido.

LA BÚSQUEDA DE LA FELICIDAD DURADERA

El joven doctor siempre albergaba en su fuero interno la sensación de tener una llamada superior en la vida. Siempre buscaba una forma superior de felicidad y paz duraderas entre todos los placeres fugaces y sombríos del mundo. La tristeza se apoderaba de él ante la angustia mental que veía en las personas que conocía.

A través de las enseñanzas del *Vedanta*, entendió poco a poco el verdadero objetivo de la vida. En su interior nació el poderoso deseo de seguir el camino de los sabios para ayudar a las personas: no solo sus cuerpos como antes, sino también su mente. Renunció al mundo para dedicarse por completo al *yoga* y pasó varios meses como monje itinerante y sin dinero encontrando su camino en la soledad del Himalaya. Fue allí donde Swami Sivananda practicó *yoga* y meditación de forma intensiva y alcanzó la realización personal.

EL YOGA DE LA SÍNTESIS

En su *ashram*, la Sociedad para la Vida Divina en Rishikesh, Swami Sivananda enseñó una forma de *yoga* que incluía todas sus técnicas conocidas. Este *yoga* de la síntesis es la base de la práctica moderna del *yoga* en Occidente. Allí formó a muchos estudiantes extraordinarios que serían fundamentales para dar al *yoga* clásico la gran reputación que tiene hoy por todo el mundo.

En 1957 enseñó a uno de sus discípulos más cercanos, Swami Vishnudevananda. Ve a Occidente, la gente está esperando, y lo envió primero a América y luego a Europa a extender las enseñanzas del *yoga*.

EL MAYOR DON ES EL CONOCIMIENTO

La escritura se convirtió en la siguiente misión de Swami Sivananda. Esta le permitía seguir ofreciendo a las personas bienes duraderos. Su objetivo era difundir todo el conocimiento espiritual que le fuese posible. Para él, el don del conocimiento era el mayor de todos.

La imprenta era para él más importante que el púlpito porque las palabras oídas son más fáciles de olvidar; solo permanecen los escritos. Swami Sivananda extendió su misión hasta el final de su vida con la publicación de más de 200 libros sobre todos los aspectos del *yoga*.

ESTUDIANTES POR TODO EL MUNDO

Swami Sivananda escribió todos sus libros en inglés porque eso le permitía llegar a un mayor público internacional. También mantuvo una correspondencia continua con cientos de estudiantes de *yoga* de todo el mundo que se acercaban a él en busca de respuestas y asesoramiento. Desde su casa sencilla a las orillas del Ganges, en el Himalaya, Swami Sivananda extendió la luz del conocimiento divino por todos los rincones de la Tierra.

EL PODER IMPERECEDERO
DE SUS PENSAMIENTOS

Este gran sabio del siglo veinte, Swami Sivananda, sigue hoy con vida. Vive en sus libros, en sus discípulos y en la atmósfera de los centros y de los *ashrams*. Swami Sivananda fue un príncipe entre las personas, una joya entre los santos. El servicio y el amor fueron las armas que usó para conquistar los corazones.

Swami Sivananda no formó una religión nueva ni desarrolló nuevas leyes éticas ni morales. En vez de eso, ayudó al hindú a convertirse en un mejor hindú, al cristiano en un mejor cristiano, al musulmán en un mejor musulmán. Swami Sivananda tenía el poder de hacer duraderos sus pensamientos, sus palabras y sus escritos. Era la representación del poder divino de la verdad, de la pureza, del amor y del servicio.

SWAMI VISHNUDEVANANDA (1927–1993)

HOJA DE RUTA HACIA LA PAZ

Octubre de 1957. Swami Vishnudevananda, nacido en la India, llega a la costa californiana llevando consigo diez rupias, algunas frases en inglés y una gran misión: su maestro Swami Sivananda (1887-1963) lo había enviado a Occidente para difundir el *yoga*, la hoja de ruta espiritual para la paz interior.

En el clima de la Guerra Fría y un capitalismo desenfrenado, Swami Vishnudevanda se percató de cuán necesaria era su tarea. Su objetivo era poner en marcha una evolución holística hacia la paz siguiendo con la tradición de Gandhi y de Martin Luther King.

EL ALCANCE GLOBAL DEL YOGA

En la actualidad, millones de personas practican los ejercicios que Swami Vishnudevanda empezó a enseñar en Occidente hace cincuenta años. Los gimnasios, los centros de *yoga*, los centros deportivos y los hoteles balneario ofrecen clases de *yoga*, el cual encuentra cada día nuevos practicantes. El hecho de que se hayan fundado más de setenta centros y *ashrams* Sivananda por todo el mundo es una prueba del enorme éxito de este maestro de *yoga* tan dinámico.

Algunos de los lugares son Nueva York, Montreal, la sede de Val-Morin (Quebec), San Francisco, Los Ángeles, Chicago, Nassau (Bahamas), Londres, París, Berlín, Múnich, Viena, Reith (cerca de Kitzbühel, Austria), Ginebra, Madrid, Tel Aviv, Delhi, Chennai, Neyyardam (Kerala), Uttarkashi (el Himalaya), Buenos Aires y Montevideo.

UNA PIZCA DE PRÁCTICA ES MEJOR QUE TONELADAS DE TEORÍA

Los cinco pilares básicos de la práctica del *yoga*, según Swami Vishnudevananda, son los *asanas* (posturas físicas), los ejercicios de respiración, la relajación profunda, una dieta vegetariana y el pensamiento positivo. Todas las técnicas del *yoga* culminan en la meditación, la experiencia de unidad con el Ser.

En 1969, Swami Vishnudevananda sentó las bases de la difusión sistemática del *yoga* llevando a cabo el primer TTC (curso de formación de profesores de *yoga*) en Occidente. Lo que empezó como una visión ha atraído a más de 34 000 profesores, con otros miles de ellos sumándose cada año. Estos difunden las enseñanzas del *yoga* clásico en gimnasios, escuelas, consultorios médicos, universidades, hospitales y prisiones.

LOS BEATLES NO ERAN LOS ÚNICOS QUE SE PUSIERON PATAS ARRIBA

En una ocasión, cuando Swami Vishnudevananda estaba explicando la postura sobre la cabeza a los Beatles en el aeropuerto de Los Ángeles, Ringo Starr le dijo de broma: Si apenas puedo mantenerme de pie, ¿cómo voy a sostenerme sobre la cabeza? Más tarde, cuando consiguió poner a los Beatles sobre sus (melenudas) cabezas, se dieron cuenta de lo que muchos de sus estudiantes ya sabían: lo que parecía ser un ejercicio puramente físico, era en realidad un cambio de perspectiva para el cuerpo y para la mente.

LIBRE COMO UN PÁJARO

Para Swami Vishnudevananda no existían las barreras, ni internas ni externas. Creía que las barreras eran solo construcciones mentales que tenían que trascenderse. Por ese motivo, empezó a hacer vuelos simbólicos cruzando fronteras nacionales en puntos de conflicto de todo el mundo.

En 1971 voló con el actor Peter Seller en un avión de la paz "Piper Apache" bimotor hacia Belfast, Irlanda del Norte, donde lanzó flores y folletos por la paz. Si bien este fue el primero, lo siguieron una serie de vuelos por la paz hacia puntos conflictivos del mundo. Un mes después voló a Oriente Medio. Iba en su avión de la paz sobrevolando el Canal de Suez durante la Guerra del Sinaí cuando un jet militar israelí intentó obligar a Swami Vishnudevananda a aterrizar, pero él siguió con su misión sin vacilar.

Su mensaje era: El hombre es libre como un pájaro. Vence las barreras con flores y amor, no con armas y bombas. En consonancia, en 1983 voló por encima del Muro de Berlín de Oeste a Este en un avión ultraligero armado con dos ramos de margaritas. Aterrizó en una granja de Weissensee en Berlín Este. Tras ser interrogado por las autoridades alemanas del Este durante cuatro horas, lo llevaron al metro con un sándwich de queso y regresó a Berlín Oeste.

Un año después, en 1984, pasó tres meses viajando por la India en un autobús de dos pisos con el lema Yoga por la paz. Quería que la gente del país donde nació el *yoga* llegase a conocer el acercamiento moderno a las prácticas del *yoga* y su filosofía. Swami Vishnudevananda falleció en 1993 durante una peregrinación por la paz mundial y el entendimiento mutuo en Mangalore, al sur de la India.

EL PODER DE DIEZ RUPIAS

Swami Vishnudevananda solía decir que fue a Occidente, fundó los centros de yoga y ashrams de Sivananda Vedanta y formó a miles de profesores de *yoga* con el poder de diez rupias.

Estas diez ruplas me han llevado por todo el mundo en incontables ocasiones. Fueron el poder y las bendiciones de mi maestro, Swami Sivananda, los que me permitieron hacer todo lo que hice. Todo lo que he hecho, lo he hecho en nombre de mi maestro.

UNA VIDA LLEVADA POR LA LUZ DEL YOGA

NOTAS BIOGRÁFICAS SOBRE SWAMI DURGANANDA

LOS COMIENZOS

Gitta Randow nació el 11 de agosto de 1943 en medio de la Segunda Guerra Mundial y creció, como hija única de una cariñosa madre y de un padre emprendedor y con buen humor, en Colonia, Alemania. En sus primeros años, Gitta tenía el corazón abierto, ausencia de timidez e independencia.

Tuvo muchos amigos y fue querida por otros tantos. Con ocho años, un libro sobre Buda le fascinó y le trajo sensaciones del pasado. En 1969 fue a una clase de *yoga* en Colonia y experimentó por primera vez la energía sutil de la relajación profunda.

Durante sus extensos viajes a Inglaterra, todo lo que estaba relacionado con el *yoga* y la meditación atraía su interés. Esta creciente aspiración interna la llevó finalmente a la India.

EN BUSCA DE UN MAESTRO

Tras sus estudios iniciales con Sai Baba en Whitefield, Bangalore, y Sri Swami Muktananda en Ganeshpuri, Bombay, Gitta llegó a Rishikesh y practicó *yoga* y meditación bajo la guía de Sri Swami Brahmananda, un discípulo de Swami Sivananda.

El libro de Swami Sivananda Concentración y meditación fue una gran revelación para su práctica diaria en un pequeño kutir al lado del Ganges. Por restricciones de visado, Gitta tuvo que irse de la India y le aconsejaron que siguiese practicando en Occidente con Swami Vishnudevananda, el swami volador, en Quebec, Canadá.

Sin embargo, el destino la llevó a California, donde continuó con su práctica y estudio bajo la tutela de Sri Sant Kesavadas, un *bhakti* y místico de Bangalore, y Sri Swami Nadabrahmananda, un gran discípulo de *nada yoga* de Swami Sivananda. Tras varios meses de práctica y servicio en el Centro de yoga integral de Sri Swami Satchidananda en San Francisco, Gitta conoció a Sri Swami Vishnudevananda.

Swamiji la invitó a ir al "Sivananda Ashram Yoga Farm". En el *ashram*, la franqueza natural, la pureza y la profunda personalidad de Swamiji le reveló a Gitta su maestro espiritual. Swamiji le dio la bienvenida a la familia espiritual, la inició al *mantra* y, de forma espontánea, la llamó con el nombre de Durga, la energía protectora de la Madre Divina.

Durga se dejaba el corazón y el alma en su *sadhana* y estaba a cargo de la oficina del *ashram*. Durga llevo a cabo su curso de formación de profesores, TTC, en 1974 junto con otros 25 estudiantes. Hasta el momento, Swamiji se encargaba de impartirlo casi por completo en el viejo granero del *ashram*. Tras el TTC, Swamiji entró en *mouna* (silencio) y aislamiento durante varias semanas. Durga le cocinaba y le servía su kitcheri diario (arroz y lentejas) mientras seguía profundizando en su propio *sadhana*.

UNA MISIÓN DE POR VIDA

Cuando Swamiji descubrió que Durga era de Alemania, la envío de viaje a visitar todos los centros Sivananda de Europa, los cuales estaban empezando por esa época.

Después de completar el viaje, Durga se quedó en Viena para que Swami Ramananda la formara para llevar un centro y enseñar cursos de *yoga* y meditación. Como primer discípulo *sannya* de Swamiji, Swami Ramananda había fundado muchos de los centros Sivananda en Norte América y acababa de volver de su tierra natal, Austria, para abrir un centro de yoga Sivananda en Viena.

Swamiji llamaba a Durga con regularidad para que le ayudara en los *ashrams* de Norte América, lo que le servía para desarrollar muchas facetas de su formación de *yoga*. En las Navidades de 1977, Swamiji le dio la iniciación al *sannya* con el nombre monástico de Swami Durgananda Sarawasti.

Cuando la madre terrenal de Swamiji, Sri Swami Sivasaranandaji, pasó varios meses en el ashram Sivananda de Canadá en 1979, Swami Durgananda era la encargada de atender a Mataji durante su estadía.

Dado que Swami Ramananda empezaba a experimentar una ceguera y una fractura complicada de cadera, se encomendó a Swami Durgananda la tarea de fundar y dirigir los centros Sivananda europeos bajo la orientación cercana de Swamiji.

Tras pasar muchos meses en la sede de Canadá, Swami Ramananda volvió a Viena a finales de los 80. Swami Durgananda gestionó su asistencia personal en la comunidad del centro de Viena, donde Swami Ramananda se encontraba arropada por la devoción de sus primeros estudiantes, a quienes había inspirado su ejemplo personal de amor y desapego, hasta abandonar su cuerpo físico en la Tierra en 1992.

Todos los años, Swami Durgananda organizaba los viajes de Swamiji por Europa y lo ayudaba con los programas de los centros. Swamiji impartió el primer curso de profesores de *yoga* en Europa en 1985 en Bayona, España. De ahí en adelante, el TTC se celebró todos los años en Europa, desplazándose entre Francia (Blois), Austria (Scheffau, Mittersill, Reith), España (Mojácar, Turre, Cuenca, Aluenda), Inglaterra (Dorset, Londres) y Alemania (Meissen).

Además de enviar a muchos estudiantes a los TTC internacionales que tenían lugar en los *ashrams* de Norte América y de la India, muchos otros se graduaron en los cursos de Europa. Desde 1998 también se imparte el curso avanzado de profesores (ATTC) en Europa.

A Swami Durgananda se le confiaron las clases de la *Bhagavad Gita*, sobre todo en los TTC de la India, Bahamas e Israel. Estas animadas clases se convirtieron en una atracción por sí mismas para los estudiantes, quienes descubrían que las escrituras clásicas eran el hilo dorado que impregnaba no solo los otros aspectos del curso, sino también la espiritualidad de la vida diaria en general.

De manera similar, las charlas de Swami Durgananda sobre los *raja yoga sutras* de *Patanjali* del ATTC se convirtieron en una guía práctica de la psicología del *yoga* para Occidente. Sus charlas en el ATTC de 2001 de

Nassau, Bahamas, han sido recogidas en un libro y se publicaron en agosto de 2003.

A principios de los 80, Swamiji se encontraba de pleno en sus actividades de la misión del *yoga* por todo el mundo. Swamiji decidió sobrevolar el Muro de Berlín de oeste a este en un avión ultraligero en 1983, en su búsqueda incansable de actos simbólicos para la paz mundial. Swami Durgananda fue la coordinadora de esta misión tan especial. Se encargó de encontrar pistas de despegue improvisadas, apropiadas y secretas en Berlín Oeste, de colar el avión, de organizar un festival internacional por la paz y una caminata sobre brasas pública a solo unos metros del Muro en Postdamer Platz, de anunciar el acontecimiento y de organizar la cobertura de prensa mundial tras el vuelo. Todo salió de forma milagrosa.

Unos meses más tarde, Swamiji llevó la misión del Yoga por la paz mundial a todos los rincones de la India, literalmente, en un *ashram* móvil con el aspecto de un autobús de dos pisos londinense. Swami Durgananda también acompañó a Swamiji en aquella misión.

Cuando cayó el Muro de Berlín en 1989, Swamiji llamó a Swami Durgananda la misma noche diciéndole que en una semana le gustaría que hubiese celebraciones pacíficas junto el Muro, encontrarse con la prensa, con el presidente de Alemania oriental y con el granjero que le ayudó tras aterrizar en el Este. Llevada por el poder del pensamiento de Swamiji, Swami Durgananda y muchos otros ayudantes devotos prepararon los eventos, los cuales se desarrollaron con éxito como parte de un plan divino.

En 1990, Swamiji inició a algunos de sus discípulos más cercanos como *yoga acharias* y los dejó oficialmente a cargo de los centros y *ashrams* de todo el mundo. Como acharia en Europa, Swami Durgananda sigue cuidando del bienestar espiritual del personal, de los profesores y de los estudiantes y viaja continuamente de un centro a otro. El centro Sivananda de Berlín se fundó en 1991.

Swamiji visitó el continente europeo por última vez en 1990, tras su primer derrame cerebral. Inició muchas horas de recitación del *mantra Om Namo Narayanaya* por la paz mundial.

En 1992, Swamiji llamó a Swami Durgananda para que lo acompañase al *Ganga Parigrama Yatra* de Gangotri a Calcuta.

Cuando Swamiji entró en Mahasamadhi el 9 de noviembre de 1993 en Mookambika, al sur de la India, llevaron su cuerpo a Delhi el día siguiente, donde Swami Durgananda y otros discípulos cercanos de Swamiji se habían reunido para escoltar el cuerpo físico de Swamiji hasta Rishikesh y más hacia arriba, a su querido Himalaya. La procesión llegó a Uttarkashi poco antes del atardecer, donde la congregación sagrada de los *sadhus* de la zona llevó a cabo los últimos ritos de *Jala Samadhi*, la inmersión en el Ganges, con gran sencillez y amor.

COMPARTIR LA MISIÓN

Swamiji siempre se ilusionó en compartir la misión de su Maestro con sus propios *gurubhais*, los discípulos de un mismos Maestro, así como con los santos representantes de las distintas confesiones religiones y espirituales. Swami Durgananda heredó ese cariñoso respeto por el *satsang* con los *mahatmas* (las grandes almas). En los últimos cuarenta años, se han organizado innumerables viajes a todos los centros de Europa para promover las enseñanzas prácticas con auténticos maestros en varios aspectos del *yoga*. Entre ellos:

-Sri Swami Chidananda, presidente de la Sociedad para la Vida Divina en Rishikesh y uno de los discípulos más cercanos del Maestro Sivananda que es adorado mundialmente por ser un gran maestro y sabio. En sus viajes europeos ofrecía *satsangs* inolvidables en los centros.

-Sri Swami Hridayananda era médico y servía al Maestro Sivananda como asistente personal. Al final de los años 70, Mataji visitó los centros de Europa dando increíbles charlas e introducciones elevadoras al *kirtan* y a las meditaciones.

-Sri Swami Nadabrahmanda, el famoso nada *yogui* del *ashram* Sivananda de Rishikesh, pasó varias semanas en Europa en 1977 compartiendo su conocimiento y experiencia de la música del *yoga* e introduciendo a los estudiantes en la cualidad interior del *kirtan* (el canto de *mantras*).

-Sri Swami Nityananda compartió la sabiduría del amor en acción a través de su trabajo con niños desfavorecidos en Nueva Delhi. Sé bueno, haz el bien fueron las enseñanzas de oro de Swami Sivananda que se convirtieron en lemas para la misión de Swami Nityanandaji.

-El místico y maestro *bhakti* Sri Sant Kesavadas y su esposa, Rama Mataji, compartieron *satsangs* elevadores, historias y presentaciones musicales de escrituras como el Devi Mahatmyam, el *Ramayana* y la *Bhagavad Gita* tanto en los centros como en retiros de toda Europa.

-Sri Swami Chaitanyananda, un gran jnani y discípulo cercano a Sri Swami Sivananda Maharaj, dejó su *ashram* solitario de Uttarkashi en el 2000 por un año entero al servicio de los centros Sivananda y *ashrams* internacionales. Sus *satsangs* cargados de conocimiento sobre los *Upanishads* e los inspiradores recuerdos de *gurudev* Swami Sivananda se siguen rememorando hasta la fecha.

Antes de abandonar su cuerpo, Swamiji se encargó de introducir a sus estudiantes más cercanos a la recitación tradicional del *Srimad Bhagavatam*, la escritura más autorizada del *bhakti yoga*. En 1998, Sri Venugopal Goswani, *bhagavatacharia* del templo Radha Raman en Vrindavan y discípulo del renombrado vocalista clásico Sri Pandit Jasraj, visitó el centro de Berlín con un *Bhagavata Saptaha* clásico o siete días de lectura de esta escritura sagrada.

La filosofía universal del *yoga*, al igual que los cantos devocionales de la India de la tradición más pura de la raga atraían a los jóvenes estudiantes occidentales. Estos programas, junto con las charlas prácticas sobre meditación de Swami Durgananda y los talleres de *yoga* con otros swamis veteranos, se han convertido en momentos clave y habituales de todos los centros de Europa.

El doctor S. K. Kamlesh de Lucknow, India, ha contribuido mucho en los centros para el entendimiento práctico de la dieta *yóguica* adecuada. Proviene de una familia tradicional de *vaidyas ayurvédicos* de séptima generación e inspira con su propio ejemplo a realizar cambios simples en la dieta diaria. Si adaptamos los alimentos a la constitución personal y al clima de la zona, estos se convierten en una herramienta poderosa para la prevención y la cura.

Swamiji infundió a sus discípulos más cercanos la receta dorada del Maestro Sivananda: "El invitado es como un Dios". Swami Durgananda la aplica de manera natural a todos los *mahatmas* y a los invitados especiales que ofrecen su tiempo, amor y conocimiento para apoyar la misión de Swami Sivananda en Europa.

Este respeto y entendimiento, mutuo y genuino, ha llegado a ser una fuente de inspiración para los swamis, el personal y los estudiantes de Europa. En los 80 y principios de los 90, muchos *gurubhais* cercanos de otros países aportaron un apoyo inestimable al trabajo de Swami Durgananda para la misión de Swamiji en Europa.

EXPANDIR LA MISIÓN

Swamiji visitó con frecuencia los Alpes tiroleses de Austria y el valle de Loire de Francia para compartir retiros de *yoga* con sus estudiantes.

Tras muchos años de alquilar los espacios para los retiros en el Tirol, Swami Durgananda fundó el Sivananda Retreat House de Reith, cerca de Kitzbühel, en octubre de 1998. Su exuberante panorámica en la naturaleza, aunque con un sencillo entorno, no solo atrae a estudiantes de alrededor de Múnich, Viena, Zúrich e Italia del norte, sino también a estudiantes de toda Europa, de Israel y de Norte América.

De todas las administraciones públicas europeas, es en Francia donde la misión de Swamiji ha recibido la más cálida y formal bienvenida. La solicitud de reconocimiento como congregación monástica se inició durante la propia vida de Swamiji. Aunque estaba representada por un ilustre profesor de derecho y abogado ubicado en París, Jacques Manseau, transcurrieron diez años de detallados exámenes administrativos hasta que el centro de yoga Sivananda Vedanta fue oficialmente reconocido por el Primer Ministro francés como congregación monástica hinduista. Como parte de los exámenes, el gobierno francés llegó a enviar una delegación oficial a los centros Sivananda de la India.

Este reconocimiento abrió las puertas a la adquisición del primer *ashram* Sivananda en Europa, el Ashram de Yoga Sivananda de Neuville-aux-Bois, cerca de Orleans, Francia, en el año 2001. La inauguración oficial del *ashram* tuvo lugar en agosto de 2003.

Al igual que las plantas crean sus propias ramas, los centros se han estado expandiendo constantemente. Casi todos los años se añade una planta o un apartamento más a uno de los centros.

Dondequiera que esta ramificación alcance su límite, Swami Durgananda no ha dudado nunca en comprometerse por completo. Los centros de París, Viena y Madrid se reubicaron en edificios modernos con salas amplias y mucho aire y luz natural.

En el espíritu de la unidad en la diversidad, Swami Durgananda guía y orienta a aquellos que están preparados para presentar la misión de Swamiji en un entorno diferente combinado con sus talentos particulares. De este modo, el centro afiliado de yoga Sivananda de Hamburgo ha desarrollado un nuevo y dinámico encuentro entre el *yoga* clásico y el arte moderno.

En los últimos diez años han aumentado las actividades en Europa del este, sobre todo en Lituania y en Polonia. El centro de yoga Sivananda de Vilna se fundó en 2009. El curso de profesores lleva muchos años celebrándose en Europa del este.

TRANSFORMAR LOS CORAZONES

Más allá de todos estos logros que se pueden medir en hechos y en cifras, es la sabiduría y el amor de Swamiji lo que fluye a través de Swami Durgananda en su trabajo diario con los swamis, el personal, los profesores y los estudiantes cercanos de todos los centros.

Su propia fe en el poder transformador del *yoga* permite a Swami Durgananda formar a los buscadores sinceros de muchas formas innovadoras para convertirlos en seres humanos fuertes y cariñosos y para que compartan su inspiración con los demás.

CENTROS Y ASHRAMS INTERNACIONALES DE YOGA SIVANANDA VEDANTA

www.sivananda.org   www.sivananda.eu

ASHRAMS

Sivananda Ashram Yoga Camp
673 Eighth avenue, Val-Morin
Québec, J0T 2R0, CANADÁ
Tel.: +1 819 322 32 26
Fax: +1 819 322 58 76
E-mail: hq@sivananda.org
Web: www.sivananda.org/camp

Sivananda Yoga Retreat House
Bichlach, 40
6370, Reith, cerca de Kitzbühel, AUSTRIA
Tel.: +43 (0)53 56 67 404
Fax: +43 (0)53 56 67 4044
E-mail: tyrol@sivananda.net
Web: www.sivananda.org/tyrol

Ashram de Yoga Sivananda
26 impasse du Bignon,
45170 Neuville-aux-bois, FRANCIA
Tel.: +33 (0)2 38 91 88 82
Fax: +33 (0)2 38 91 18 09
E-mail: orleans@sivananda.net
Web: www.sivananda.org/orleans

Sivananda Ashram Yoga Retreat
P.O. Box N 7550
Paradise Island, Nassau, LAS BAHAMAS
Tel.: +1 242 363 2902
Tel.: +1 866 559 51 67 (desde los EE. UU.)
Tel.: +1 416 479 01 99 (desde Canadá)
Fax: +1 242 363 37 83
E-mail: nassau@sivananda.org
Web: www.sivanandabahamas.org

Sivananda Ashram Yoga Ranch
P.O. Box 195, Budd Road
Woodbourne, NY 12788, EE. UU.
Tel.: +1 845 436 64 92
Fax: +1 845 363 46 31
E-mail: yogaranch@sivananda.org
Web: www.sivanandayogaranch.org

Sivananda Ashram Yoga Farm
14651 Ballantree Lane, Comp. 8
Grass Valley, CA 95949, EE. UU.
Tel.: +1 530 272 93 22
Fax: +1 530 477 60 54
E-mail: yogafarm@sivananda.org
Web: www.sivanandayogafarm.org

Sivananda Yoga Dhanwantari Ashram
P.O. Neyyar Dam, Dt. Thiruvananthapuram
Kerala 695 572, INDIA
Tel.: +91 949 563 0951
Fax: +91 471 227 27 03
Tel.: +91 949 563 09 51
E-mail: guestindia@sivananda.org
Web: www.sivananda.org/neyyardam

Sivananda Yoga Vedanta Minakshi Ashram
Vellayampatti P.O.,
Madurai district, 625 503 Tamil Nadu, INDIA
Tel.: +91 452 209 06 62
E-mail: madurai@sivananda.org
Web: www.sivananda.org/madurai

Sivananda Kutir (cerca de Siror Bridge)
P.O. Netala, Uttara Kashi District
Uttaranchal, el Himalaya 249193, INDIA
Tel.: +91 90 12 78 94 28
Tel.: +91 99 27 09 97 26
E-mail: himlayas@sivananda.org
Web: www.sivananda.org/netala

CENTROS

ALEMANIA
Sivananda Yoga Vedanta Zentrum
Luisenstr. 45, 80333 Múnich
Tel.: +49 (0)89 700 9669 0
Fax: +49 (0)89 700 9669 69
E-mail: munich@sivananda.net
Web: www.sivananda.org/munich

Sivananda Yoga Vedanta Zentrum
Schmiljanstrasse 24, 12161 Berlín
Tel: +49 (0)30 85 99 97 98
Fax: +49 (0)30 85 99 97 97
E-mail: Berlin@sivananda.net
Web: www.sivananda.org/berlin

Internationales Sivananda Yoga
Center (centro afiliado)
Kleiner Kielort 8, 20144 Hamburgo
Tel: +49 (0)40 41 42 45 46
E-mail: post@artyoga.de
Web: www.artyoga.de

ARGENTINA
Centro Internacional Yoga Sivananda
Sánchez de Bustamante 2372
Capital Federal – Buenos Aires 1425
Tel.: +54 11 48 04 78 13
Fax: +54 11 48 05 42 70
E-mail: buenosaires@sivananda.org
Web: www.sivananda.org/buenosaires

Centro de Yoga Sivananda
Rioja 425, Neuquén 8300
Tel.: +54 29 94 42 55 65
E-mail: neuquen@sivananda.org
Web: www.sivananda.org/neuquen

AUSTRIA
Sivananda Yoga Vedanta Zentrum
Prinz-Eugen-Strasse 18, 1040 Viena
Tel.: +43 01 586 34 53
Fax: +43 01 586 3453 40
E-mail: vienna@sivananda.net
Web: www.sivananda.org/vienna

BRASIL
Centro Sivananda de Yoga Vedanta
Rua Santo Antônio 374, Bairro
Independência
Puerto Alegre 90 220 – 010 – RS
Tel.: +55 51 30 24 77 17
E-mail: portoalegre@sivananda.org
Web:www.sivananda.org/portoalegre

CANADÁ
Sivananda Yoga Vedanta Centre
5178, Saint Laurent boulevard
Montreal, Québec, H2T 1R8
Tel.: +1 514 279 35 45
Fax: +1 514 279 35 27
E-mail: montreal@sivananda.org
Web: www.sivananda.org/montreal

Sivananda Yoga Vedanta Centre
77 Harbord Street
Toronto, Ontario, M5S 1G4
Tel.: +1 416 966 96 42
Fax: +1 416 966 13 78
E-mail: toronto@sivananda.org
Web: www.sivananda.org/toronto

ESPAÑA
Centro de Yoga Sivananda Vedanta
Calle Eraso 4, Madrid 28028
Tel.: +34 91 361 51 50
Fax: +34 91 361 51 94
E-mail: madrid@sivananda.net
Web: www.sivananda.org/madrid

Centro de Yoga Sivananda Vedanta de Granada (afiliado)
C/ Ángel 13 (Junto a Calle Recogidas)
Tel.: +34 660 288 571
18002 Granada
E-mail: sivanandagranada@gmail.com
Web: www.sivanandagranada.es

ESTADOS UNIDOS DE AMÉRICA
Sivananda Yoga Vedanta Center
1246 West Bryn Mawr
Chicago, IL 60660
Tel.: +1 773 878 77 71
E-mail: chicago@sivananda.org
Web: www.sivananda.org/chicago

Sivananda Yoga Vedanta Center
243 West 24th Street
Nueva York, NY 10011
Tel.: +1 212 255 45 60
Fax: +1 212 727 73 92
E-mail: newyork@sivananda.org
Web: www.sivananda.org/ny

Sivananda Yoga Vedanta Center
1200 Arguello Boulevard
San Francisco, CA 94122
Tel.: +1 415 681 27 31
E-mail: sanfrancisco@sivananda.org
Web: www.sivananda.org/la

Sivananda Yoga Vedanta Center
13325 Beach Avenue
Marina del Rey, CA 90292
Tel.: +1 310 822 96 42
E-mail: losangeles@sivananda.org
Web: www.sivananda.org/la

FRANCIA
Centre Sivananda de Yoga Vedanta
140 rue du Faubourg Saint-Martin,
75010 París
Tel.: +33 (0)1 40 26 77 49
Fax: +33 (0)1 42 33 51 97
E-mail: paris@sivananda.net
Web: www.sivananda.org/paris

INDIA
Sivananda Yoga Vedanta Nataraja Centre
A-41, Kailash Colony, Nueva Delhi 110 048
Tel.: +91 11 32 06 90 70 or 29 23 09 62
E-mail: delhi@sivananda.org
Web: www.sivananda.org/delhi

Sivananda Yoga Vedanta Dwarka Centre
PSP Pocket, Sector – 6 (cerca del colegio DAV Public School)
Swami Sivananda Marg, Dwarka
New Delhi 110 075
Tel.: +91 11 64 56 85 26 o 45 56 60 16
E-mail: dwarka@sivananda.org
Web: www.sivananda.org/dwaraka

Sivananda Yoga Vedanta Centre
TC 37/1927 (5), Airport road, West Fort P. O.
Thiruvananthapuram, Kerala
Tel.: +91 471245 0942 or 2465368
Móvil: +91 94 97 00 84 32
E-mail: trivandrum@sivananda.org
Web: www.sivananda.org/trivandrum

Sivananda Yoga Vedanta Centre
3/655 Kuppam Road, Kaveri Nagar,
Kottivakkam
600 041 Chennai,Tamil Nadu
Tel.: +91 44 24 51 16 26 / 25 46
Tel.: +91 761 06 790
E-mail: chennai@sivananda.org
Web: www.sivananda.org/chennai

Sivananda Yoga Vedanta Centre
444, K.K. Nagar. East 9th Street
625 020 Madurai, Tamil Nadu
Tel.: +91 452 2521170 or 2522634
Tel.: +91 909 224 07 02
E-mail: maduraicentre@sivananda.org
Web: www.sivananda.org/maduraicentre

ISRAEL
Sivananda Yoga Vedanta Centre
6 Lateris Street, Tel Aviv 64166
Tel.: +972 03 691 67 93
Fax: +972 03 696 39 39
E-mail: telaviv@sivananda.org
Web: www.sivananda.org/telaviv

ITALIA
Centro Yoga Vedanta Sivananda
Roma
via Oreste Tommasini, 7,   00162 Rome
Tel.: +39 06 45 49 65 29
Tel.: +39 347 426 1345
E-mail: roma@sivananda.org
Web: sivananda-yoga-roma.it

Sivananda Yoga Firenze (centro afiliado)
Via de' Marsili 1
50125 Florence
Tel.: +39 328 966 0501
E-mail: info@yogaincentro.it
Web: www.yogaincentro.it

JAPÓN
Sivananda Yoga Vedanta Center
4-15-3 Koenji-kita, Suginami-ku
Tokyo 1660002
Tel.: +81 03 53 56 77 91
E-mail: tokyo@sivananda.org
Web: www.sivananda.jp

LITUANIA
Sivananda Jogos Vedantos Centras
M.K. Čiurlionio g. 66, Vilna 03100
Tel.: +370 8 64 87 28 64
E-mail: vilnius@sivananda.net
Web: www.sivananda.org/vilnius

PORTUGAL
Centro de Yoga Sivananda Vedanta
(centro afiliado)
Rua José Carlos dos Santos, n 12 - Loja
1700 - 257 Lisboa
Tel: + 351 21 797 09 60
E-mail: info@sivananda.pt

RUSIA
Yamuna Studio (centro afiliado)
13 parkovaya 27/3
Moscú, Rusia
+7 495 505 04 21
E-mail: yoga@yamunastudio.ru
Web: yamunastudio.ru

SUIZA
Centre Sivananda de Yoga Vedanta
1 rue des Minoteries, Ginebra 1205
Tel.: +41 022 328 03 28
Fax: +41 022 328 03 59
E-mail: geneva@sivananda.net
Web: www.sivananda.org/geneva

REINO UNIDO
Sivananda Yoga Vedanta Centre
45 – 51 Felsham Road, Londres SW15 1AZ
Tel.: +44 020 87 80 01 60
Fax: +44 020 87 80 01 28
E-mail: london@sivananda.net
Web: www.sivananda.co.uk

URUGUAY
Asociación de Yoga Sivananda
Acevedo Díaz 1523
Montevideo 11200
Tel.: +598 24 01 09 29 / 66 85
Fax: +598 24 00 73 88
E-mail: montevideo@sivananda.org
Web: www.sivananda.org/montevideo

VIETNAM
Sivananda Yoga Vedanta Center
25 Tran Quy Khoach str., District 1
Ho Chi Minh City
Tel.: +84 08 66 80 54 27 / 28
E-mail: hochiminh@sivananda.org
Web: www.sivanandayogavietnam.org